象棋
残局破解指南

柳大华◎编著

天津出版传媒集团

天津科学技术出版社

图书在版编目（CIP）数据

象棋残局破解指南 / 柳大华编著 . -- 天津 : 天津科学技术出版社 , 2023.4

ISBN 978-7-5742-0687-8

Ⅰ . ①象… Ⅱ . ①柳… Ⅲ . ①中国象棋—残局(棋类运动)—指南 Ⅳ . ①G891.2-62

中国版本图书馆 CIP 数据核字 (2022) 第 215277 号

象棋残局破解指南
XIANGQI CANJU POJIE ZHINAN

责任编辑：石　崑

责任印制：兰　毅

出　版：天津出版传媒集团
　　　　　天津科学技术出版社

地　址：天津市西康路 35 号

邮　编：300051

电　话：（022）23332397

网　址：www. tjkjcbs. com. cn

发　行：新华书店经销

印　刷：三河市延风印装有限公司

开本 640×920　1/16　印张 12　字数 150 000

2023 年 4 月第 1 版第 1 次印刷

定价：39.80 元

前　言

　　本书是供广大象棋爱好者自行测验默算程度、自己测验棋艺水平高低的象棋新谱。

　　残局是全局的尾声。残局相对于开局和中局而言，变化不很大。虽然残局的子力较少，但棋盘的活动空间却相应增大，这就是使各子力有了更多的空间可以走动。

　　实用残局棋子虽少，但着法凝练简洁，易于记忆，具有老少皆宜、雅俗共赏的特点。它能提高人们的艺术趣味，给人们以技巧的启迪。古往今来的众多棋手都把残局作为必修的基本功。

　　残局虽平凡，但能让人们在沉思中得到智慧的启迪，在启迪中得到美的享受，还能启发悟性，开阔视野，触发人们作高一层的联想，并能从中得到益处。它有认识作用、审美作用和娱乐作用……

　　本书专门论述残局实战攻杀技巧和规律，精选国内外大量棋赛的名手对局，详加论述剖析，是一本实战性和实用性极强的象棋残局参考书。

　　这些棋局逻辑严密，杀法紧凑，短而精炼，富有独特性、艺术性、趣味性、实用性，并附有多幅图画供读者参考、学习，以帮助象棋爱好者尽快提高驾驭残局的能力。

　　我们可以预见，随着象棋越来越普及，未来的弈林，必将是实

用残局尽情驰骋的广阔天地。

最后我们衷心愿本书能够给你的象棋残局学习带来一个良好、富有乐趣的开端。

目　录

祺牌娱乐指南

QIPAIYULEZHINAN

祺牌娱乐指南

QIPAIYULEZHINAN

第一章 子力的性能

众所周知，象棋各种子力的性能，是一个值得研究探讨的问题。第一，它是一项重要的基本功训练。第二，一位棋手，只有当他善于运用各种子力，并能灵活地配合使用时，才能真正地解决有关全局的问题。第三，它是新老棋手都要接触的问题，对其认识深刻与否，往往能够表现出象棋思维境界的高低。第四，对弈是从走子、用子开始，经常是以子力的竭尽全力而告终。整个过程，各种子力的姿态形形色色，尽展其能。对于研究者来说，理应对其加以探索并从理论上适当地予以评价。基于以上四点，其重要意义，可想而知。正如初学者需要不断提高计算能力一样，熟悉子力性能，也常常是学棋者的当务之急。

历来名家皆主张"七子皆用，各尽其能"，这是对的。因为象棋的各兵种，独具特点，各司其职，各展其妙。本章以揭示子力的性能为主，用较大篇幅，详加阐述并演示了有关子力的协调配合，分节例举了马炮、车马、车炮的配合使用。

例举近百局，主题鲜明，图式典型，具有代表性，作为示范。其中有些局势，具有想象力，可予爱好者一定的启发。所选局势，难易参半，这是考虑到读者水平不一之故。

第一节　底兵的运用

"有车无老卒"是象棋中的通俗术语。其中，老卒（或老兵）指的就是"底兵"。这句话说明，在车的配合下，底兵仍能保持兵所固有的进攻威力。

事实上，许多例子表明，其他兵种若能密切协同其作战，仍然可以产生很强的进攻力。此外，底兵的运用方法是多种多样的，具有研究价值。

▶ 第一局

众所周知，单马可以取士，单马对于没有过河的兵（卒）也有巧胜的机会。根据以上两点，加以引申，排拟了如图1局势，即马底兵对卒士。红方攻法较多，胜法巧妙。

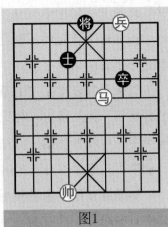

图1

着法一：

1. 马四进三　　卒7进1![1]
2. 兵三平四　　将5平4
3. 马三退四　　将4进1[2]
4. 马四退五　　将4平5
5. 马五进六　　将5平6
6. 马六进四　　将6退1

7. 帅六平五　　　士4退5

（和棋）

注：①如改走士4退5，马三退一！士5进4，马一进二，卒7进1，马二退四，将5进1，马四退三，红胜。

②如错走卒7进1，马四进二，卒7平6，马二进四，红胜。

着法二：

1. 马四进二　　　将5进1！③　　2. 马二进三　　　将5平6

3. 马三退四　　　士4退5　　　　4. 马四退三④　　卒7进1

5. 马三进一　　　将6进1　　　　6. 马一进三　　　士5进4！

（和棋）

注：③如改走将5平4，马二进三，卒7进1，马三退四，将4平5，帅六进一！将5平4，兵三平四，将4进1，兵四平五，红胜。

④改走马四退六，或马四退五，红方也难取胜。

着法三：

1. 马四进五！⑤　　卒7进1　　　2. 马五进三　　　将5进1⑥

3. 帅六进一！　　将5平6　　　　4. 马三退四　　　将6进1

5. 马四进六　　　将6平5　　　　6. 马六进五！⑦　　将5退1

7. 马五退三　　　将5平6　　　　8. 马三退四　　　将6进1

9. 帅六平五　　　将6退1　　　　10. 马四进二　　　（红胜）

注：⑤进马捉卒，欲擒故纵，用意深远，击中要害。

⑥如将5平4，则马三退四，将4进1，兵三平四，将4退1，帅六进一，将4进1，兵四平五，红胜。

⑦也可改走马六退五，形成另外一种胜法。

附图1是本局的另外一种摆法。

1. 马二退一！⑧　　卒7进1

2. 马一进三　　　将5平4

3. 马三退四　　　　将4退1

4. 兵三平四　　　　将4进1

5. 兵四平五　　　　（红胜）

注：⑧从表面上看这步棋像是舍近求远，实际上却是击中对方的要害，深藏奥妙。如改走马二退三，黑方应以将5平6，或将5进1，都会使红方一筹莫展。

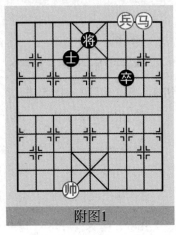

附图1

第二局

如图2是"借炮使马"局，马借炮威，控制了要点，竟使灵活的黑车，毫无落脚之地。其中，底兵控制黑将，助攻有力。

1. 炮九平四　　　　士5进6

2. 炮四退三！　　　车8平1！！①

3. 兵一平二！②

注：①黑方平边车是最强的应法，改走其他着法，红方速胜。仅举两例如下：

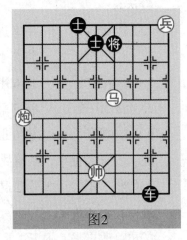

图2

甲：车8退7，马四退二，士6退5，马二退四，士5进6，马四进三，红胜。乙：车8退2，兵一平二！车8平2，马四退三，士6退5，马三进五，将6退1，兵二平三，将6平5，马五进六，红胜。

②至此，黑方有如下六种主要应法，分述如下：

第一种：

3. 兵一平二	车1退2	4. 马四进二！	士6退5
5. 马二退三	将6退1	6. 兵二平三	将6平5
7. 马三进二	车1平6	8. 马二进三	车6退6
9. 兵三平四	（红胜）		

第二种：

3. 兵一平二	车1退3	4. 兵二平三	车1平3[③]
5. 马四进二	士6退5	6. 马二退三	将6进1
7. 马三退四	（红胜）		

注： ③如改走车1退3，马四退二，士6退5，马二退四，士5进6，马四进三，士6退5，马三进二，将6进1，马二退四，杀。

第三种：

3. 兵一平二	车1退4	4. 马四退二	士6退5
5. 马二退四！	士5进6	6. 马四进三	士6退5
7. 兵二平三！	车1进1！[④]	8. 马三退四	士5进6
9. 马四退二	士6退5	10. 马二进三	将6进1
11. 马三退四	（红胜）		

注： ④如改走车1退2或车1平3，红方进马将军之后速杀速胜。

第四种：

3. 兵一平二	车1退5[⑤]	4. 马四退二	士6退5
5. 马二进三	将6退1	6. 炮四平一	（红胜）

注： ⑤黑车试图在中路还击，却暴露了左侧边线无法防守的弱点，红方可以乘虚而入。

第五种：

3. 兵一平二	车 1 退 6	4. 马四退二	士 6 退 5
5. 马二退四	士 5 进 6	6. 马四进三	士 6 退 5
7. 兵二平三！	车 1 平 8[⑥]	8. 马三退四	士 5 进 6
9. 马四进二	士 6 退 5	10. 马二进四	（红胜）

注：⑥如改走车 1 进 3，马三退四，士 5 进 6，马四退二！士 6 退 5，马二进三，红胜。

第六种：

3. 兵一平二	车 1 退 7	4. 马四退二	士 6 退 5
5. 马二进三	车 1 平 7	6. 马三退四	士 5 进 6
7. 马四进二	（红胜）		

通过以上六个变例，可以看到，红马在炮的帮助下，借将军之便，随时可以转换方位，不仅控制了中路的所有点，保证了红帅的攻击力量。并且，控制着棋盘纵横线上的许多点，构成了"面"上的压力，限制了黑车的施展。另外，底兵的作用很大，控制黑将，协助做杀，防止黑车换炮，等等。

▶ **第三局**

如图 3，黑方虽有双卒，子力较优，但它们阻挡了黑车的将军。使该车丧失了灵活运转的功能，并成了遭受致命打击的弱点。该局的设计以第三种着法为主，是底兵的又一妙用。

1. 车八退一

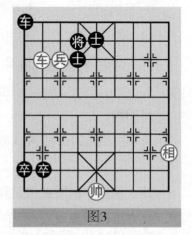

图3

红方退车之后，可以兼顾两翼，能够充分发挥车的灵活性，其他攻法，不易奏效。至此，黑方有三种应法，分述如下：

第一种：

1. 车八退一　　　　将4退1

2. 车八平二　　　　士5退6

3. 兵七平六　　　　车1进1

4. 车二平八　　　　车1平5①

5. 帅五平六　　　　（红胜）

注：①如改走车1退1，兵六进一，将4进1，车八平六，红胜。

第二种：

1. 车八退一	车1进1②	2. 车八平二！	卒2平3③
3. 兵七平六！	士5进4	4. 车二进二	士4退5
5. 车二平五	将4退1	6. 车五平九	（红胜）

注：②黑方进车防守，造成了该车受攻的局面。

③如改走将4退1，车二进三，将4进1，车二平七，红胜。

第三种：

1. 车八退一	车1平3！④	2. 车八平七！⑤	将4退1
3. 兵七进一	车3平1	4. 兵七进一！	将4平5
5. 兵七平八！⑥	车1平2	6. 车七平二	将5平6
7. 车二进三	将6进1	8. 车二平八⑦	卒2平3
9. 车八退三	将6退1	10. 车八平四	将6平5
11. 车四平二	将5平6	12. 车二进三	将6进1
13. 车二退八	卒1平2	14. 车二平四	士5进6
15. 帅五平四	士4退5	16. 车四平二	士5进4
17. 车二进六	士4退5	18. 车二进一	将6退1
19. 车二平五	（红胜）		

祺牌娱乐指南

注：④黑方的这种应法，比较顽强，红方需要弈出妙着，才能获胜。

⑤如改走车八进二，将4退1，兵七进一，车3平1，兵七平六，将4平5，车八退二，卒2平3，车八平二，红亦胜。

⑥此例，自第二着起，有计划的推进红兵，然后，巧妙地利用了底兵，采用弃兵法造成底线攻击，这是全局的精华。

⑦至此，红方胜局已定。黑方双联卒必须是高卒，并能遮挡对方帅脸时，才有和棋机会，这是常见的例和定式。

以下，红方只要设法利用帅的拴链作用，即可破士而胜。

▶ **第四局**

如图4，是一则比较大型的排局——多子杀局。在各种攻守变化中，红方始终以底兵为先锋，进行要杀威胁。该局进攻方法较多，现仅推演两种主要杀法。

着法一：

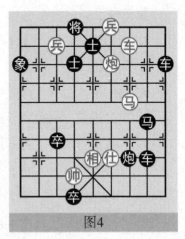

图4

1. 马三进五！①	车9进6！
2. 仕四退五	车9平5！
3. 帅六平五	车8进1
4. 炮四退六	士5退6②
5. 车三退四	卒3平4！
6. 兵七平六	将4平5
7. 马五进七！	士4退5
8. 相五退七！	卒4平5
9. 马七退六	（红方胜势）

注：①这种攻法，对黑方有一定的压力，但不惊险、不紧凑。

②如错走马8进6，帅五平六，车8平6，帅六退一，士5退6，马五进四，将4平5，马四退六，将5平4，车三平六，将4平5，车六平四，将5平4，车四进一，杀。

着法二：

1. 炮四平五！[③]	车 8 进 1[④]	2. 帅六退一[⑤]	车 8 进 1
3. 相五退三！	车 8 平 7	4. 帅六进一	车 7 退 1
5. 帅六退一	车 9 进 7	6. 炮五退七	车 9 平 5[⑥]
7. 帅六平五	炮 7 退 6	8. 马三进四！！	炮 7 平 6
9. 兵七平六	炮 6 平 4	10. 兵四平五	（红胜）

注：③此着，攻守兼备，暗伏杀机，是利用己方底兵的最合理的攻法。

④如改走车9平5，车三平五（也可采用马三进四，车5平6，车三平五杀法），车5退1，马三进四，车5平6，兵七平六，车6平4，兵四平五，杀。

⑤如改走仕四退五，车8平5！炮五退六，炮7退6，黑胜。

⑥如改走车7平5，兵七平六！将4进1，马三进四，车5退6，车三平五，将4退1，兵四平五，红胜。

第二节　仕与相的应用

> ▶ 第一局

如图5，红方巧妙地采用上仕遮挡之法，达到捉死黑卒而胜。

1. 马二进三	卒 7 进 1	2. 马三进五	将 4 进 1
3. 帅五平四!	将 4 平 5	4. 帅四退一	将 5 平 4①

5. 仕五进四!!②

注：①如改走将 5 进 1，马五进六，将 5 退 1，马六进四，将 5 平 6，仕五进四! 将 6 退 1，帅四平五，将 6 进 1，马四进二，抽吃卒，红胜。

②上仕遮住帅脸，是为了防止尔后黑将的拴链，属于深谋远虑着法。至此，黑方有三种应法，分述如下：

第一种：

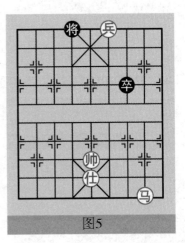
图5

5. 仕五进四　　　将 4 进 1

6. 马五进六　　　将 4 退 1

7. 马六进四　　　将 4 退 1

8. 帅四平五　　　将 4 进 1

9. 兵四平五　　　卒 7 进 1

10. 马四退三　　　（红胜）

第二种：

5. 仕五进四	将 4 平 5	6. 马五进六	将 5 平 6
7. 马六进四	将 6 退 1	8. 帅四平五	将 6 进 1
9. 马四进二	将 6 退 1	10. 马二退三	（红胜）

第三种：

5. 仕五进四	将 4 退 1	6. 马五进七！	将 4 进 1[③]
7. 马七进五	将 4 平 5	8. 兵四平三！	将 5 进 1
9. 马五进三	将 5 退 1	10. 马三退一！！	将 5 平 4
11. 兵三平四	将 4 退 1	12. 帅四平五	将 4 进 1
13. 兵四平五	将 4 进 1	14. 马一进二	卒 7 进 1
15. 马二退四	将 4 退 1	16. 马四退三	（红胜）

注： ③如改走卒 7 进 1，马七进五，卒 7 进 1，马五进四，绝杀无解，红胜。

▶ **第二局**

如图 6，红方必须巧妙地运用双相，才能充分发挥车兵的进攻威

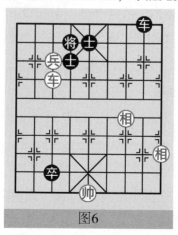

图6

力，从而获胜。

1. 兵七进一①	将4退1	2. 车七平九	车8进9
3. 相一退三!②	车8平7	4. 帅五进一	卒3平4
5. 帅五平六	将4平5	6. 车九进三	士5退4
7. 兵七平六	将5平6!③	8. 车九平六	将6进1
9. 车六平三!④	车7退1	10. 帅六退一	车7退2
11. 车三退一	将6退1	12. 车三退一	车7平4
13. 帅六平五	将6进1	14. 相三退五!⑤	车6退3
15. 车三退四	车4平6	16. 车三进五!	将6退1
17. 车三退一	车6平4	18. 车三平四	将6平5
19. 车四进一!	车4平5	20. 帅五平四	士4退5
21. 兵六平五	车5退2	22. 车四进一	（红胜）

注：①这步进兵，配合下一步平车要杀是最紧凑的攻法。如改走车七平九，则车8平3，车九进二，将4退1，兵七进一，车3平2，帅五进一，卒3平4，帅五平六，将4平5，帅六平五，将5平6，和棋。

②弃相，引离黑车，为继续进攻创造有利条件。如改走帅五进一，卒3平4，帅五平六，将4平5，车九进三，士5退4，兵七平六，将5平6（如士4退5，则帅六平五，红胜），车九平六，将6进1，车六平一，车8退7，车一退一，将6退1，车一退二，车8平6，形成典型的例和残局。

③这一着防守，比较有韧性，如改走士4退5，帅六平五，将5平6，兵六平五，车7平4，兵五进一，将6进1，车九退一，将6进1，车九退二，车4平6，车九平五，将6退1，兵五平六，红胜。

④既保红相，又有捉士进攻的凶着。抢占横三线，是红方取胜的重要手段。如改走兵六平七，士4退5，车六平三（若改走车六退

五，车7平6，兵七平六，车6退7，和棋已定），车7平5，可以守和。

⑤红相守中，可以削弱黑车的灵活性，是辅助进攻的上策着法。

▶ 第三局

如图7，是用相做炮架的典型例子，但红方的用相方法比较隐蔽，需认真揣摩。本局攻法较多，现仅举二则，并且以着法二为主。

着法一：

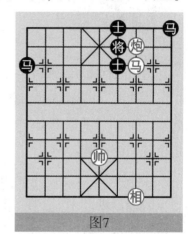

图7

1. 炮三进一	马1进3[①]
2. 马三进二	马3进4
3. 帅五退一	马4进6
4. 帅五进一	马9进8
5. 炮三退六	马8退7
6. 相三进一	马6进7
7. 帅五退一	马7退8[②]

（和棋）

注： ①如错走马9进8，炮三平一!! 士6退5，马三进二，将6进1，炮一退二，马8退6，马二退三，马6进8，马三退四，抽马吃红胜。

②至此形势，黑方双马暗中已有联系，红方不易捉吃取胜，更难做成杀棋。虽然是红优，但局势相当复杂，故而此变不足取。

着法二：

1. 炮三平一!	士6进5[③]	2. 炮一退七!![④]	士5进4
3. 炮一平四	士6退5	4. 马三退四	士5进6
5. 马四进二	士6退5	6. 马二退三	将6退1

7. 马三进四　　　将6平5　　　8. 相三进一!!　　马1进3

9. 炮四平一　　　马3进4　　　10. 帅五退一　　马4进6

11. 帅五平六　　　（红胜）

注：③如改走士6退5，马三退五，将6进1，马五退三，将6退1，马三进二，将6进1，炮一退一，杀。

④退炮，深谋远虑，一举两得。既有正面进攻，又有飞边相攻马的妙着与其配合。

▶ 第四局 ◀

用相进行防守，是弈棋过程中常见的方法。

如图8，红方用相进行防守，支持进攻，同时限制了黑方双卒的反击，保证了"联珠妙着"的运用，是攻守兼备的典型局势。

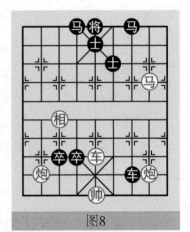

图8

1. 车五平三!①　　车7退1

2. 马二进三　　　将5平6

3. 炮八平四!　　　车7平6

4. 炮二进八　　　将6进1

5. 炮四平二!　　　车6平8

6. 马三退一!②　　车8平5③

7. 相七退五　　　士5进4

（红胜势）

注：①弃车引离，然后组成双炮马的联合进攻，是正确的。其他攻法很多，黑方均能妥善应付，导致胜势。

②红方弃车之后，连续紧逼与此妙着相配合，形成先予后取，造成胜势。

③如改走马7进8，炮二退七，将6退1，后炮进六，将6平5，马一进二！马4进2，后炮平一，将5平4，炮一进七，士5退6，马二退三，将4进1，马三进四，杀。

附图1仍是一盘复杂的胜局，详见着法如下：

1. 马一进三！

红如改走前炮平六，明显多子胜势，但黑卒去相之后，双方攻守着法复杂，双卒有反击能力，颇具周旋。

至此，黑方有两种主要应法，分述如下：

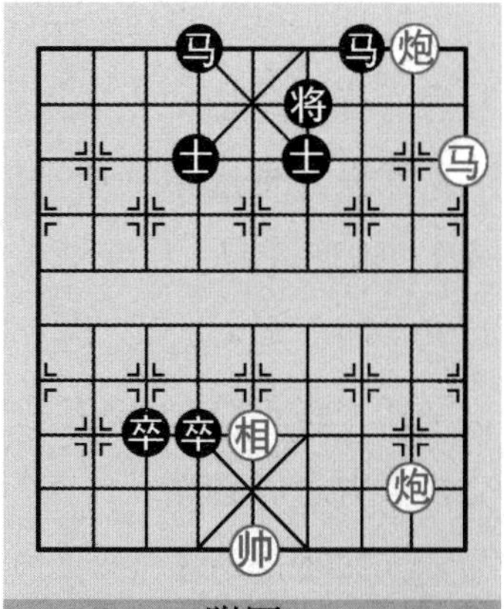

第一种：

1. 马一进三	士6退5	2. 后炮平四！	马4进5
3. 炮二退一	将6退1	4. 马三退五	马7进8
5. 相五进三！！[5]	将6平5[6]	6. 马五进三	将5平4
7. 炮四进二	士5进6	8. 炮四平六	士4退5
9. 炮二平一	马8进9	10. 马三退四	（红胜）

注：⑤飞相之后，延缓了黑方双卒的进攻速度，使红方取胜更加从容。

⑥如改走卒4进1，马五进三，卒3进1，马三退四，马8退6，炮二退八以后红方胜法简单。

第二种：

1. 马一进三	将6平5	2. 炮二退一	马4进6
3. 炮二平五	将5平4	4. 相五进三！[7]	马7进5[8]
5. 炮五进二	将4退1[9]	6. 炮五平六	将4平5
7. 炮二平四	将5平6	8. 马三退一！	将6进1[10]

9. 炮六平四　　　马 5 进 6　　　10. 马一退三　　　将 6 退 1

11. 马三进二　　　将 6 进 1　　　12. 炮四平一　　　士 6 退 5

13. 帅五平四　　　（红胜）

注：⑦黑方双马已被困，飞相之后双卒又失去了进攻机会，只有坐而待毙。

⑧黑方想逃掉一个马，以求挣扎，但无济于事。改走甲：卒 4 进 1，炮五进四，将 4 退 1，炮二平四，胜法同主变；乙：将 4 平 5，帅五平四，卒 4 进 1，炮五进四，卒 3 平 4，帅四进一，将 5 平 4，炮二平四，将 4 平 5，炮五平三，前卒平 5，帅四进一！红方有相防守，交换子力之后必胜。

⑨如改走马 5 进 4，炮五平六，卒 4 进 1，炮二平四，卒 3 进 1，马三退二，红胜。

⑩如改走马 5 进 4，马一进二，卒 4 平 5，相七退五，红胜。

第三节　帅的威力

▶ 第一局

如图 9，是一则炮兵排局，以帅做炮架，给予对手致命的打击，是该局的精华。

1. 兵二平三！①　　后炮平 6

2. 兵七进一　　　　炮 5 平 4

3. 炮三平九　　　　马 3 退 1

4. 炮九平一　　　卒8平9

5. 炮一平四！！②　马1退3③

6. 炮四进五　　　马3退5

7. 帅四平五！④　卒3进1

8. 炮四平一　　　（红胜）

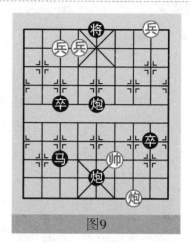

图9

注：①如改走炮三进五，卒8平7，炮三平一，后炮平6，红方遭受到黑方的反击。

②红方采用紧逼与顿挫手法，分散了黑方的防守子力。然后抓住要害，以帅做架攻击黑炮，造成胜势。

③如改走炮6进5，帅四退一，红方吃掉黑炮后绝杀无解。

④如错走炮四平一，马5进4，帅四退一，炮4退7，黑胜。

在子力稀少的残棋中，用帅做炮架是一种常用的技巧。如附图1是一例，攻法巧妙，可以速胜。

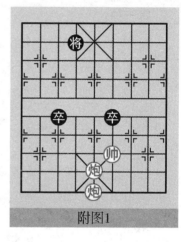

附图1

附图1着法：

1. 炮五平六！⑤　将4平5⑥　　2. 炮六平四！　卒6平7

3. 炮四平五　　　将5平4　　　4. 帅四平五　　卒7平6

5. 炮五平六　　　（红胜）

注：⑤如改走帅四平五，卒3平4，红方要想取胜非常困难。

⑥如改走卒6平5，帅四平五，用帅做架捉卒胜定。

▶ **第二局**

　　如图 10 是一则小杀局。红方在马兵的联合进攻中，充分利用了红帅的拴链威力和底兵的攻击作用，使子力很强的车炮也无法防守。

　　1. 兵三平四　　　将 5 平 4

　　2. 马三进二！

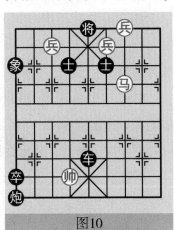

图10

　　进马攻击黑士，命中要害。至此，胜局已定，仅举三种着法如下：

第一种：

2. 马三进二！！　　士 6 退 5

3. 后兵平五！[①]　　车 5 退 6

4. 马二退四　　　炮 1 平 5

5. 兵七平六！[②]　　车 5 平 4

6. 兵四平五　　　（红胜）

注：①弃兵换士，攻着紧凑，可以造成马双兵绝杀局面。

②用以引开黑车，使黑炮的防守落空。

第二种：

2. 马三进二	卒 1 平 2	3. 马二退四	炮 1 退 1
4. 帅六退一	车 5 平 4	5. 帅六平五	士 4 退 5
6. 前兵平五！	将 4 平 5	7. 兵四平五	将 5 平 4
8. 兵五进一	（红胜）		

第三种：

2. 马三进二	车 5 退 5	3. 马二退四！	炮 1 平 5
4. 后兵平五！	车 5 退 1	5. 兵七平六	车 5 平 4
6. 兵四平五	（红胜）		

第三局

如图 11，红帅控制中路，使马炮兵能展开攻势。转换成炮兵残局之后，红帅更加发挥了威力，妙用等着，做炮架，等等。

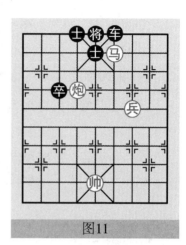

图11

1. 炮六退五！！[①]　　　车 6 进 1

2. 炮六平八　　　　车 6 进 7

3. 炮八平四[②]

注：①这步棋，攻守兼备，防止了黑方弃车引帅，摆脱困局手段的施展。

②至此，黑方有两种应法，分述如下：

第一种：

3. 炮八平四	将 5 平 6	4. 兵三平四	士 5 进 6
5. 兵四平五！	将 6 平 5	6. 炮四进四！！[③]	将 5 进 1
7. 帅五平四	将 5 退 1	8. 兵五平六	将 5 进 1
9. 炮四退二	将 5 退 1	10. 炮四平八	将 5 进 1
11. 炮八进五	将 5 退 1	12. 炮八平七！！	将 5 进 1
13. 兵六进一	卒 3 进 1	14. 兵六平七	将 5 退 1

15. 炮七退三[④]　　　（红胜）

注：③五、六两着限制了黑卒的前进，然后采用捉死黑卒的方法取胜。

④至此，形成炮兵必胜双士的残局，其胜法是用炮兑换双士，造成孤兵制将而胜。

第二种：

3. 炮八平四	卒 3 进 1	4. 兵三平四	卒 3 进 1
5. 兵四进一	卒 3 平 4	6. 炮四退一!!⑤	卒 4 平 5
7. 帅五进一!!⑥	卒 5 进 1	8. 帅五退一	卒 5 平 4
9. 兵四进一	卒 4 平 5	10. 兵四进一	士 5 进 4
11. 炮四平五	士 4 进 5	12. 炮五进三	（红胜）

注：⑤退炮，可以配合红帅攻击黑卒。如错走兵四进一，卒 4 平 5，兵四进一，士 5 进 4，和棋。

⑥进帅等着，造成黑方欠行，是有力的攻击。如错走炮四平五，卒 5 平 6，兵四进一，将 5 平 6，和棋。

▶ 第四局

如图 12，红帅居中，配合马炮兵进攻。转化成炮兵残局之后，连续升帅，同炮守中，限制黑方双卒的活动。最后用帅作架，以炮取士而胜。

1. 马六进四　　　将 5 平 6

2. 炮三平一!!

平炮捉车，暗伏杀机。至此，黑方有三种应法，分述如下：

第一种：

2. 炮三平一　　　车 9 退 4

3. 马四进二　　　将 6 平 5

4. 炮一平七　　　车 9 平 5

5. 帅五平六　　　车 5 平 4

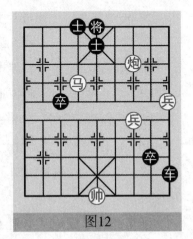

图12

6. 帅六平五	车 4 平 5	7. 帅五平六	士 5 进 4[①]
8. 马二退四	将 5 进 1	9. 马四退五	（红胜）

注：①黑方不能长将违犯棋规，只好走士解救"闷宫"杀棋。

第二种：

2. 炮三平一	车 9 平 2	3. 马四进二	将 6 平 5
4. 炮一平七	车 2 退 8	5. 炮七退一	卒 8 平 7
6. 马二退四	将 5 平 6	7. 炮七平四	（红胜）

第三种：

2. 炮三平一	士 5 进 6！！
3. 炮一退六	卒 3 进 1！[②]
4. 帅五进一	卒 8 平 7！
5. 帅五进一！	士 6 退 5
6. 炮一平四	卒 3 平 4
7. 兵三进一	卒 4 进 1！[③]
8. 兵三平四	士 5 进 6
9. 炮四平五！！[④]	士 4 进 5
10. 兵四平五	将 6 平 5[⑤]
11. 兵五平六	将 5 平 6
12. 兵一平二	将 6 平 5
13. 兵二平三	将 5 平 6
14. 兵三进一	将 6 平 5
15. 兵三进一[⑥]	

注：②必须进卒，如改走卒 8 平 7，炮一进三！断住黑 3 路卒的进路，然后平兵捉死该卒，可以速胜。

③如改走卒 4 平 5，兵三平四，士 5 进 6，炮四平五，卒 5 平 4，炮五平八，卒 4 进 1，炮八进一，卒 4 平 5，帅五平六，捉死黑卒，

红胜。

④平炮中路，使黑方双卒无法活动。此后，红方从容运兵，以攻着取势。

⑤如改走士5进4，兵一平二，士6退5，兵五平四，总之，红方用中兵遮住黑方将脸，然后运边兵，接近黑士，一定可以造成攻击形势。局中只是一种普通变化。

⑥至此，黑方有两种主要变化，分述如下：

甲：

15. 兵三进一	将5平6	16. 炮五退一！⑦	将6平5
17. 兵三平四	卒7平6	18. 帅五退一	将5平6
19. 炮五进八⑧	卒4进1	20. 兵六进一	卒4平5
21. 帅五平六	卒6进1	22. 兵六进一	将6平5
23. 兵四进一	（红胜）		

注：⑦此时应注意，如改走兵六进一，将6平5，兵三平四，卒7平6！帅五平四，士5进6，和棋。

⑧至此，红方胜定，中炮配合帅兵，可以防守黑方双卒的进攻，使红兵能从容进击。

乙：

15. 兵三进一	将5平4	16. 兵三进一	将4平5
17. 兵三平四	将5平4	18. 兵六进一	将4进1
19. 炮五退一！	将4退1	20. 炮五进八	卒4平5
21. 帅五退一	卒7平6	22. 兵六进一	卒5平4
23. 炮五退二	将4平5	24. 兵六进一	卒4进1
25. 炮五退一	卒6平7	26. 帅五平四	卒4平5
27. 炮五平四	士6退5	28. 兵六平五	将5平4
29. 兵四进一	（红胜）		

第四节 借炮使马

▶ 第一局

如图13，黑方是低车缺乏灵活性，红方可以利用这个弱点，通过正侧两向进攻，紧逼取胜。

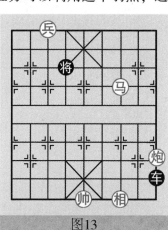

图13

1. 马三进四！①   将4退1

2. 马四退五   将4进1

3. 马五退七   将4退1

4. 马七进八！   将4进1

5. 炮二平六   车9平4

6. 炮六进一！！②   车4退1

7. 帅五进一   车4进2

8. 相三进一！   车4退2

9. 兵七平八！   车4进2

10. 马八退七   将4退1

11. 马七进五   将4进1

12. 马五进四   将4退1

13. 炮六平一   车4平8   14. 炮一进五   车8退8

15. 马四退五   将4退1   16. 马五进七   车8平3

17. 兵八平七   将4进1   18. 炮一平七   （红胜）

注： ①此时需要作出正确选择。如改走马三退五，将4退1，马

五进七，将4进1，炮二平六，车9平4，炮六进二，车4退1，帅五进一，车4进2，相三进一，车4退2，兵七平八，车4进2，局势复杂，红方不易取胜。

②升炮之后，黑车被限制，以后再运相动兵，创造捉吃黑车的条件。

用相辅助限制黑车的实例很多，如附图1红相在左侧，则更易取胜。

1. 马三退四！　　车4进2③
2. 马四进五！④　　将4退1
3. 马五进七　　将4退1
4. 马七进八　　将4进1
5. 炮六平九　　车4退1
6. 帅五退一　　车4平1
7. 炮九退二！⑤　　车1进1
8. 帅五进一　　车1退1
9. 帅五进一　　车1进1
10. 马八退七　　将4退1
11. 马七退六　　（红胜）

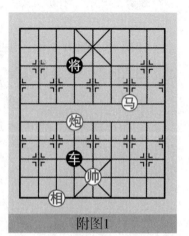

附图1

注：③如改走车4退1，马四进五，将6平5，炮六平五，杀。

④如改走炮六退二，将4退1，红方失掉取胜机会。

⑤这样，把黑车逼到最低位置，转向正面进攻而胜。

▶ 第二局

如图14，红方运用"三面攻击"的手段，组织全面进攻，充分发挥了各子的力量，展示了一幅"马炮灵活运转"的图画。

1. 相五进三！① 　　卒 9 平 8

2. 马四退五 　　　将 4 退 1

3. 马五进七 　　　将 4 退 1

4. 马七进八 　　　将 4 进 1

5. 炮一平九 　　　车 9 平 1

6. 相三退一 　　　卒 8 平 9

7. 兵一平二 　　　卒 9 平 8

8. 兵二平三 　　　卒 8 平 9

9. 兵三平四 　　　卒 9 平 8

10. 兵四平五 　　　卒 8 平 9

11. 马八退七 　　　将 4 进 1

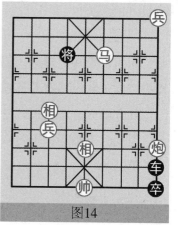

图14

注：①飞相明帅是正着，但要仔细，如错走相五退三，车 9 平 7，黑方防守力量加强，红方不易取胜。

至此，红方有两种攻法，分述如下：

第一种：

12. 炮九平六 　　车 1 平 4 　　13. 炮六进二 　　车 4 平 6③

14. 炮六退四 　　车 6 退 2 　　15. 马七退六 　　车 6 平 4

16. 相七退九 　　卒 9 平 8 　　17. 兵七进一 　　卒 8 平 9

18. 兵七进一 　　卒 9 平 8 　　19. 相九进七 　　卒 8 平 9

20. 兵五平六 　　卒 9 平 8 　　21. 兵六平七 　　卒 8 平 9

22. 相一进三 　　卒 9 平 8 　　23. 后兵平六④ 　　车 4 平 5

24. 相七退五 　　车 5 退 1 　　25. 兵六进一 　　将 4 平 5

26. 马六进五 　　车 5 退 1 　　27. 炮六平二 　　（红胜势）

注：③此时，黑方发现无法制止红方渡兵，否则会产生如下变化：车 4 退 1，帅五进一，卒 9 平 8（应该车 4 平 6），相七退九，卒 8 平 9，相九退七，卒 9 平 8，马七进八，将 4 退 1，炮六平九，车 4

进1，帅五进一，车4平1，炮九退二，卒8平9，马八退七，将4进1，马七退六，车1平4，炮九平六，车4退1，帅五平六，红胜。

④如改走兵七进一，将4退1，后兵平八，将4进1，红方难以直接构成杀势，仍然要形成主变局势。

红方虽获胜势，但攻法不紧凑。没有充分利用黑方低头车的弱点，因此，不精彩，不足取。

第二种：

12. 马七退五	将4退1	13. 马五退六!!⑤	车1平4
14. 马六进七	车4平2⑥	15. 马七进五	将4进1
16. 马五进四	将4退1	17. 炮九平三!	车2平7
18. 马四退五	将4进1	19. 马五退七	将4退1
20. 马七进八	将4进1	21. 炮三平九	车7平1
22. 炮九进三!!	卒9平8	23. 马八退七	将4进1
24. 马七进五	将4进1	25. 马五进四	将4退1
26. 炮九平一	车2平8	27. 炮一进三	车8退7
28. 马四退五	将4进1	29. 马五退七	（红胜）

注：⑤凭借正面威胁，红马可以改变在左翼的位置，且有深远的用意。

⑥黑方企图用车来控制红马的前进，但该车马上被迫给调离了，红马仍然进驻了最佳位置。

▶ **第三局** 🀄

如图15，它的图形与攻法，均与红方一路无底兵相似。该兵妨碍了红炮的直接进攻，是其缺点。但它的助攻作用，仍是相当可观的。

1. 炮三平六！！① 　　马2退3②

2. 马四进六！ 　　马3退4

3. 炮六平二③

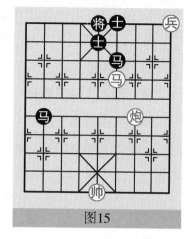

图15

注：①平炮封住将门，先从左翼进攻，给黑方制造弱点，把握时机再转向另一翼，这是最有力的攻击。

②力图顽抗。如改走甲：将5平4，马四退六，抽吃黑马，红胜；乙：马2进4，马四进六，马6退4，炮六平二，绝杀无解，红胜。

③至此，产生两种用马阻炮之法，分述如下：

第一种：

3. 炮六平二 　　马6退8

4. 炮二平三！！④ 　　马8进6⑤

5. 马六进四！ 　　马6进7

6. 炮三平二 　　马7退8

7. 马四退二 　　（红胜）

注：④平炮，利用黑方阵形弱点，直接催杀，吃马而胜。如改走马六进四，似佳实劣，续着是马4进3（如错走将5平4，马四退三，马8进6，炮二进五，马6退5，帅五平六！士5进4，马三进四，士4退5，帅六进一，红胜），马四退三，马8进6，炮二进五，马6退7，马三进四，马3进5，马四退二，马5退6，和棋。

⑤如改走马8进7，马六进四，捉死马，红胜。

第二种：

3. 炮六平二 　　马6进8 　　4. 马六退四！ 　　将5平4

5. 马四退三！⑥ 　　马8退6 　　6. 炮二进五 　　马6退5⑦

7. 帅五平六	士5进4	8. 马三进五	马4进2
9. 马五进四	马2退4	10. 马四进五	士4退5
11. 帅六进一	（红胜）		

注：⑥黑方第三着进马之后，红方无法平炮要杀，只好连续退马，用以攻击黑方8路马。

⑦如改走马6退7，马三进二！马4进5（如改走士5进4，帅五进一！士4退5，马二进一，红胜），马二进一，马5退6，马一进三，马6退8，兵一平二，形成马底兵必胜双士残局。

▶  第四局

如图16，黑方子力相互阻塞，局形弱点无法补救，造成红炮长驱直入，辗转飞跃，势不可当。红方吃马之后有攻有守，稳操胜券。

1. 炮五进五	象9进7
2. 炮五平七	士5退4
3. 炮七进二	马4退6
4. 炮七平四①	

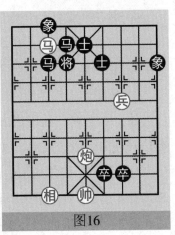

图16

注：①红方虽然吃掉黑方双马，但黑方的双卒和将仍可配合反击，必须适当的进行防守。

至此，黑方有两种主要应法，分述如下：

第一种：

4. 炮七平四	士4进5		
5. 炮四退一	士5退6		
6. 马七退六	将4退1	7. 相七进五！！②	象7退5

QIPAIYULEZHINAN

8. 炮四平一	将 4 退 1	9. 炮一退七	士 6 进 5[③]
10. 帅五平六	象 5 进 7	11. 帅六进一	象 7 退 5
12. 帅六进一	象 5 进 7	13. 相五进三	（红胜）

注：②进相之后，黑方双卒无法再活动了，红方可以从容运炮取胜。

③如改走卒 7 进 1，帅五平六，黑方不能卒 6 平 5，因有相五退三，吃卒。

第二种：

4. 炮七平四	士 6 退 5	5. 炮四退一	士 5 退 6
6. 炮四平三!!④	象 7 退 9	7. 马七退五!!	卒 7 进 1
8. 炮三退一	将 4 退 1	9. 马五进四	将 4 进 1
10. 马四退五	将 4 退 1	11. 马五退七	将 4 进 1
12. 马七退五	将 4 平 5	13. 炮三退四	将 5 退 1
14. 帅五平六	卒 6 平 5	15. 炮三平五	将 5 平 6
16. 相七进五	（红胜）		

注：④借象作架，可以赢得进攻速度。如改走马七退六，卒 7 进 1，帅五平六，卒 6 平 5，炮四退六，卒 7 平 6，炮四平六，将 4 平 5，和棋。

第五节　车马冷着

▶ **第一局**

图 17 是利用底兵，巧妙做杀的例子。红方弃马进攻，强劲有力，是车马兵妙用。

1. 兵五进一！　　车 9 平 5

至此，红方有两种主要攻法，分述如下：

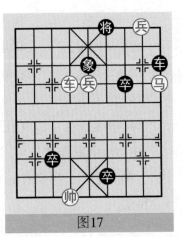

图17

第一种：

2. 马一进二　　　将 6 平 5

3. 马二退四　　　车 5 平 6

4. 车六平五　　　将 5 平 6

5. 车五进二①　　车 6 平 7

6. 帅六平五　　　卒 3 平 4

7. 车五退二　　　将 6 进 1！

8. 车五进二　　　将 6 退 1

9. 车五进一　　　将 6 进 1

10. 兵二平三　　　车 7 平 5！！

11. 车五退二　　　卒 4 进 1

（黑胜）

注：①如改走帅六平五，卒 6 进 1，帅五进一，车 6 进 6，帅五

进一，车6退1，帅五退一，卒3平4，黑胜。

第二种：

2. 马一进三!! 　　将6进1[②] 　　3. 车六进二 　　　将6进1

4. 马三退一! 　　车5进1 　　　5. 马一进二 　　　将6平5

6. 马二进四 　　将5平6 　　　7. 车六退五 　　　车5平6[③]

8. 马四退二 　　将6退1 　　　9. 车六进五 　　　（红胜）

注：②如改走车5平7，兵二平三！红方可以吃车，显示了底兵的助攻作用。

③如改走将6退1，车六平四，将6平5，马四退三，抽吃黑车，红胜。

▶ **第二局**

如图18，是车马帅兵联合进攻。红方首先采用"顿挫"手法，破坏黑方双车的联系，然后再做杀取胜。

1. 车五平九!! 　　车2平1

2. 车九平八 　　车1退3[①]

3. 兵四进一 　　将4平5

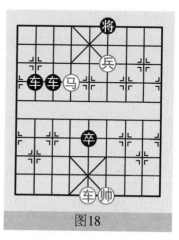

图18

注：①如改走甲：车1平2，车八进六，车3平2，兵四进一，将6平5，马六进七，将5平4，马七退八，红胜；乙：车3退3，兵四进一，将6平5，马六进七！将5平4，车八平六，红胜。

至此，红方有两种攻法，各具巧妙，分述如下：

第一种：

4. 兵四进一	将 5 平 4	5. 马六进四	车 3 平 6
6. 帅四平五	车 6 平 5！	7. 兵四平五！	车 5 退 3
8. 车八平六	卒 5 平 4	9. 马四进五	车 1 进 6
10. 马五退四	（红胜）		

第二种：

4. 兵四平五！	将 5 平 4	5. 车八平六	卒 5 平 4
6. 马六进四！！	车 3 平 6	7. 帅四平五	车 6 平 5
8. 帅五平四	（红胜）		

▶ 第三局

车马无仕对车双士，正常情况下，可以守和。但巧胜的机会很多，是一个值得研究的专题。如图 19，黑将的位置差，红方施展车马威力，侧翼进攻得逞。

1. 马五退七

至此，黑方有两种应法，分述如下：

第一种：

1. 马五退七	车 4 平 6
2. 帅四平五	车 6 平 5
3. 帅五平四	将 4 退 1
4. 马七退九！[①]	（红胜）

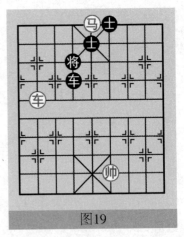

图19

注：①终局形势，黑方无法抵挡，红方的侧翼进攻，必然要丢士而致败。

第二种：

1. 马五退七	车4进5	2. 帅四退一	将4退1[2]
3. 马七退九	车4平3	4. 车八进一！	车3退8
5. 马九退七	将4退1	6. 马七进五！	将4进1
7. 帅四平五！	车3进9	8. 帅五进一	车3退9
9. 马五退七	将4退1[3]		

注：②如改走车4退2，马七退九，车4退3，车八平七！红胜势。

③如改走车3进2，帅五退一！士5进6，车八进二，将4进1，车八退四，将4退1，车八平六，杀。

如附图1，这是实战中很可能遇到的残局，要求红方必须计算准确，弈出技巧。

（附图1）

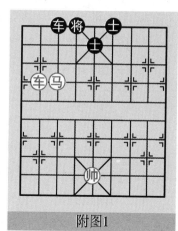

10. 马七退五！！[4]　车3进1

11. 车八进三　　　将4进1

12. 车八退四！！[5]　将4退1[6]

13. 车八平六　　　车3平4

14. 车六平七　　　车4进7

15. 帅五退一　　　（红胜）

附图1

注：④从侧翼转入正面进攻，红马居高临下，占据了攻击对手的最佳位置。

⑤以上两着"顿挫"使红车占据了重要的倒河沿，胜利在握。

⑥如改走车3进1，车八平六，士5进4，马五进四，将4退1，车六平八，车3退2，车八进三，红胜。

▶ 第四局

如图20，黑方兵临城下，虎视眈眈力在搏杀。红方持先行之利，抢占要津，步步紧逼，节节推进，杀法凶狠。

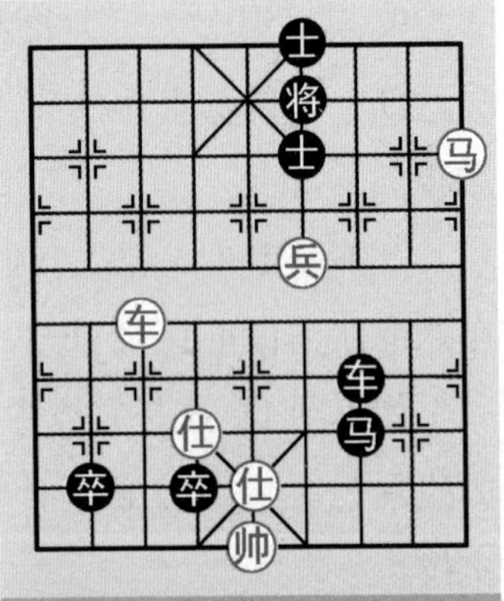

1. 兵四进一！！① 　将6平5！②

2. 马一进三　　　将5平4

3. 兵四平五！　　车7平4③

4. 车七进四　　　将4退1

5. 马三退五！　　将4平5

6. 车七进一　　　将5进1

7. 马五退七！　　将5平6④

8. 马七退五⑤　　车4退2⑥

9. 马五进三　　　将6平5

10. 兵五进一　　　将5平4

11. 车七退一　　　将4退1　　12. 马三进四　　　士6进5

13. 兵五进一！！⑦　士6退5　　14. 车七进一　　　将4进1

15. 马四退五　　　将4进1　　16. 车七退二　　（红胜）

图20

注：①这一步进兵，暗中要杀，向对方九宫迅速迫近，构成了车马兵的联合作战。如改走车七进四，士6进5，车七退二（倘若车七进一，士5进4，红方无法进取），士5退4，局势复杂，黑方可以组织反击。

②如改走甲：车7退4，马一进二，车7退2，车七平三！红胜，乙：车7退6，车七进四，士6进5，马一退三，车7进2，兵四进一！将6进1，车七退一，红胜。

③黑车被逼到一个最不利的位置，在以后的变化中，将遭到红

34

马的攻击。如改走士 6 进 5，车七平六，士 5 进 4，兵五进一，士 6 退 5，马三退四，将 4 退 1，兵五进一，红胜。

④红方连续退马，暗中要杀。此时，如改走车 4 平 5，兵五进一，将 5 平 6，兵五平四，将 6 平 5，兵四平五，将 5 平 6，车七退一，士 6 进 5，车七平五，将 6 退 1，马七进六，绝杀红胜。

⑤红马再度经过中路返转，借威胁黑车之便，同时进行要杀，使黑方很难应付。

⑥如改走车 3 平 7，则车七退一，士 6 退 5，兵五平四，车 7 退 4，马五进三，车 7 进 1，兵四平三，红胜。

⑦形成与车马相配合的"大胆兵"，迅速成杀。

第六节　车炮联用

第一局

修饰、润色"实战残棋"，是棋局创作方法之一。如图 21 就是从实战对局中改编而成的，红方车炮催杀，多子占势而胜。

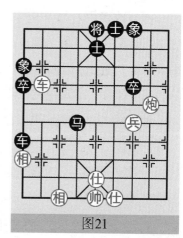

图21

1. 炮二平五	士 5 进 4
2. 车八平五	将 5 平 4
3. 炮五平六	士 4 退 5

4. 车五平六　　　　将4平5

5. 炮六平五　　　　象7进5[①]

6. 车六退二　　　　车1退2[②]

7. 炮五进一!![③]　车1平5

8. 车六进二　　　　象1进3[④]

9. 炮五平九　　　　卒7进1

10. 炮九进三　　　　卒7进1

11. 帅五平六　　　　士5进6

12. 车六进三　　　　将5进1

13. 车六平四　　　　（红胜势）

注：①如改走马4退5，帅五平六，象7进5，炮五进二，士5进4，车六平五，红胜。

②如改走车1平5，车六进一，黑方无暇兑卒，红方胜定。

③此时容易错走如下两个变化。甲：炮五退三，卒7进1，帅五平六，车1平5，兵三进一，车5进3，相七进五，象5进7，和棋；乙：炮五退一，车1平5，帅五平六，士5进4，炮五退二，士6进5，红方不易进取。

④如改走甲：卒7进1，兵三进一，车5退1，车六平五，象5进7，车五退一，象7退9，车五进二，红胜；乙：象1退3，炮五平九，卒7进1，炮九进三，象3进1，帅五平六，士5进6，兵三进一，车5平7，车六进三，将5进1，车六平四，红胜。

如附图1是实战局势，着法如下：

1. 炮一平五　　　　士5进4

2. 车八平五　　　　将5平4

3. 炮五平六　　　　士4退5

4. 车五平六　　　　将4平5

5. 炮六平五　　　马4退5

6. 车六平五　　　车1平5

7. 炮五平三　　　卒7进1

8. 车五退三　　　卒7进1

（和棋）

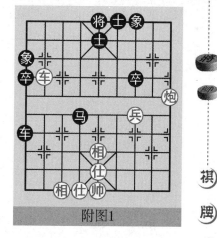

附图1

▶ 第二局

如图22，红方弃兵制造弱点车，然后进炮展开正面攻势吃车。黑方失车之后，卒将配合仍有还击，残局搏斗激烈可观。

1. 兵三平四!!①　　车6进1

2. 炮三进四　　　士5进6

3. 车七进三　　　将4进1

4. 车七退一　　　将4退1

5. 车七平四　　　士4退5②

6. 炮三退五!!③　卒4平5

7. 车四平三④

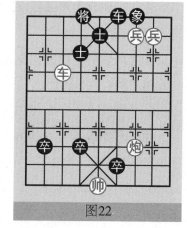

图22

注：①此着弃兵置黑车于死地，是上乘攻法。如改走炮三进四，象7进5之后，局势复杂，红方难以取胜，仅续变如下供参考，炮三平六，将4平5，炮六平五，将5平4，车七平八，车6进3，炮五平六，将4平5，车八进三，士5退4，炮六进三，车6平5，帅五平六，象5退3，黑胜。

②红方首先要进行防守，以守寓攻，乘隙攻击。

③如附图1，这是古典的用炮守御方法，可以缓解黑方攻击速

度。此时黑方不能用卒吃炮，如卒6平7，则帅五进一，红胜。

至此，黑有两种主要应法，分述如下：

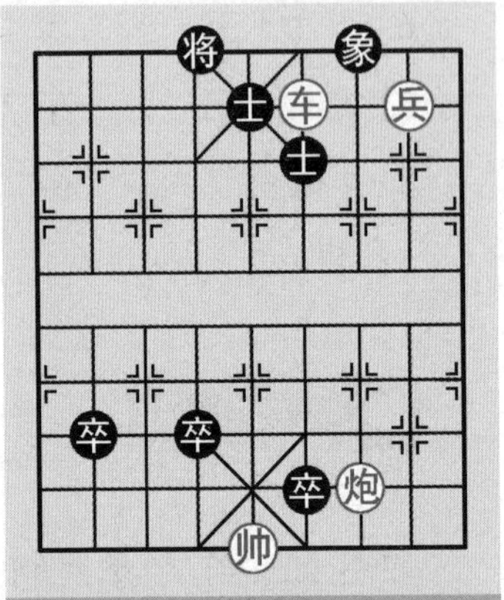

第一种：

6. 车四平三　　　　卒6平5

7. 帅五平四　　　　卒5平6

8. 车三进一　　　　士5退6④

9. 车三平四　　　　将4进1

10. 车四退二　　　　卒6进1

11. 车四退六　　　　卒5平6

12. 帅四进一⑤　　　　（红胜）

附图1

注：④如改走将4进1，炮三进七，士5进4，炮三平四！卒6平5，车三退七，红胜。

⑤终局形势，红方捉吃黑方低卒，用红兵可以困死黑将而胜。

第二种：

6. 车四平三　　　　卒2平3　　　7. 车三进一　　　　将4进1⑥

注：⑥如改走士5退6，车三平四，将4进1，车四退二，卒6平7，车四退一，卒3平4，车四平六，将4平5，车六退四，卒5进1，帅五平六，卒7平6，车六平五，将5平6，兵二平三，将6进1，车五进一，红胜。

如附图2局势，为了解除黑卒攻击的威胁，红方有许多攻击防守方法，现试举例如下，以便比较。

甲：

8. 车三退六！　　　卒6平5

9. 帅五平四　　　　后卒平6

10. 车三平四　　　　卒6进1

11. 车四退二　　　卒 5 平 6

12. 帅四进一　　　卒 3 平 4

13. 帅四进一　　　士 5 退 4

14. 炮三进一　　　将 4 平 5

15. 炮三平六　　　将 5 进 1

（和棋）

乙：

8. 车三退七　　　卒 3 平 4

9. 兵二平三⑦　　　卒 4 进 1！！

10. 炮三平六　　　卒 5 进 1　　　11. 帅五平六　　　卒 5 平 4

12. 帅六平五　　　卒 4 进 1　　　（黑胜）

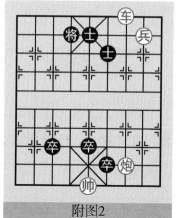

附图2

注：⑦仍然该走车三进一，是和棋。

丙：

8. 车三平九　　　卒 6 平 7！！　　　9. 车九退八　　　卒 7 进 1

10. 车九平三　　　卒 7 平 8　　　11. 车三进三　　　卒 3 平 4

12. 兵二平三　　　士 5 进 4　　　13. 车三平六　　　卒 8 平 7

14. 兵三平四　　　卒 7 平 8　　　（和棋）

丁：

8. 车三平七！！⑧　　卒 3 平 4　　　9. 车七退八！　　卒 5 进 1⑨

10. 炮三平五　　　卒 4 平 5　　　11. 车七平六　　　士 5 进 4

12. 帅五平六！　　卒 5 进 1　　　13. 车六进六　　　将 4 平 5

14. 车六平四　　　（红胜）

注：⑧跟踪追击，切中要害，是最有力的攻法。

⑨最后反击，无济于事。如改走甲：卒 6 平 7，车七平三，形成车兵必胜双卒双士残局；乙：卒 5 平 6，炮三平一，卒 4 平 5，车七平六，士 5 进 4，帅五平六，士 6 退 5，兵二平三，将 4 退 1，兵三平

四，将4平5，车六进三，红胜。

第三局

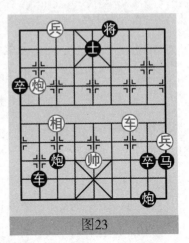

图23

如图23，红方车炮与底兵默契配合，攻势很强，连续催杀，使黑方防不胜防。黑方虽然实力雄厚，蕴藏潜力，但是相差一步，难以扳回。

1. 兵七平六!!

如改走车三平四，将6平5，炮八进三，车2退8，兵七平八，卒8进1之后，黑方联合马炮卒作战，颇有攻击能力。

至此，黑有两种主要应法，分述如下：

第一种：

1. 兵七平六	将6进1	2. 车三平四	士5进6
3. 炮八平四	士6退5	4. 炮四平六!!	士5进6
5. 车四平三	车2退8![①]	6. 车三进四	将6退1
7. 车三进一	将6进1	8. 兵六平五	车2平5
9. 车三平五	卒8平7	10. 炮六平四	士6退5
11. 车五退一	将6退1	12. 炮四退六!	马9进7
13. 炮四进一	炮8退1	14. 车五退二	炮8退7
15. 帅五退一	（红胜）		

注：①顽强抵抗，如改走：甲、士6退5，炮六进二，士5进6，车三进四，将6退1，兵六平五，杀；乙、炮8平5，车三进四，将6退1，炮六平四，士6退5，兵六平五! 将6平5，车三进一，杀棋。

40

第二种：

1. 兵七平六　　　车 2 平 6　　　2. 车三进五　　　将 6 进 1

3. 兵六平五 !! ②

注：②平兵之后，形成与炮配合的"海底搜山"之势，攻势凌厉，黑方很难挽救。兹列三种应法如下：

甲：

3. 兵六平五　　　炮 3 平 4　　　4. 炮八进二　　　炮 4 退 6

5. 车三平四　　　（红胜）

乙：

3. 兵六平五　　　车 6 退 1　　　4. 帅五退一　　　车 6 平 7

5. 炮八进二　　　将 6 进 1　　　6. 车三平一　　　车 7 退 5

7. 车一退三　　　（红胜）

丙：

3. 兵六平五　　　车 6 平 2　　　4. 车三退一 !　　　将 6 进 1

5. 车三退三　　　将 6 退 1　　　6. 车三平四　　　士 5 进 6

7. 炮八平四　　　士 6 退 5　　　8. 炮四平六 !　　　士 5 进 6

9. 车四平一　　　士 6 退 5　　　10. 炮六进二　　　士 5 进 6

11. 车一进三　　　（红胜）

▶ **第四局**

如图 24，这是排拟的一则杀局。黑方底线的弱点，相当明显，但只能借用，其中路弱点，才是致命的，应予以沉重打击。

1. 炮七退三 !! ①　　　车 2 退 3

2. 车六平四 !! ②　　　士 6 进 5

3. 炮七平五　　　将 5 平 4

4. 炮五进二　　　　　将 4 平 5

5. 相五退七！　　　　马 5 退 6

6. 炮五退八　　　　　马 6 退 5

7. 炮五进七　　　　　（红胜）

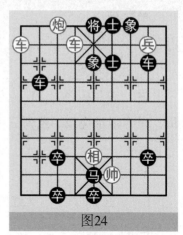

图24

注：①借用底线攻击，转至中路发动攻势，是正确的。如改走炮七平四，似佳实劣，详见附图1。

②着法凶狠，暗中要杀。黑方倘若不察，续着如下：炮七平五，士 6 进 5，车九平五，士 6 退 5，车四进一，杀棋。

附图1着法：（黑先）

1. ……　　　　　　　车 2 退 3！

2. 相五退七③　　　　卒 8 平 7

3. 帅四平五　　　　　车 8 进 6

4. 帅五进一　　　　　车 8 退 2

5. 帅五退一　　　　　车 2 进 8

6. 车六退七　　　　　车 2 平 4

7. 帅五平六　　　　　车 8 进 2　　　（黑胜）

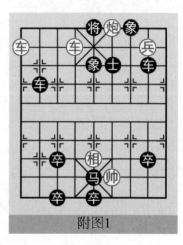

附图1

注：③黑车退守之后，红方进攻无路，退相吃卒，求取防守。

第二章 残局杀法定式

第一节 双车马成杀定式

例1

如图25，红先：

1. 车五进一	士6进5	2. 马五进六	将5平6
3. 车五平四	士5进6	4. 车八平四	（红胜）

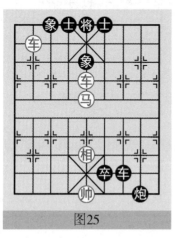

图25

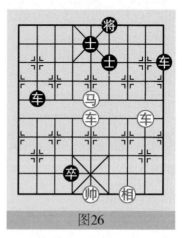

图26

例2

如图26，红先：

| 1. 车二进五 | 将6进1 | 2. 马五进六 | 士5进4 |
| 3. 车二退一 | 将6退1 | 4. 车五进五 | （红胜） |

例3

如图27，红先：

| 1. 车六进五 | 将5平4 | 2. 马三进五 | 将4进1 |
| 3. 马五退七 | 将4平5 | 4. 车八平五 | （红胜） |

例4

如图28，红先：

1. 车六进一	将6进1	2. 车三进一	将6进1
3. 车六平四	士5退6	4. 车三退一	将6退1
5. 马五进六	（红胜）		

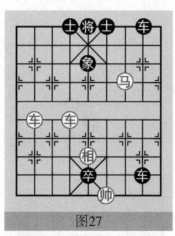

图27

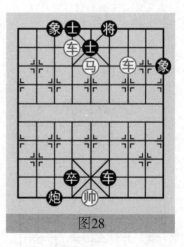

图28

例5

如图29，红先：

| 1. 车四进一 | 将5平6 | 2. 车五平四 | 将6平5 |
| 3. 马六进四 | 将5平6 | 4. 马四进二 | 将6平5 |

5. 车四进三　　　　（红胜）

例6

如图30，红先：

| 1. 车二进一 | 士5退6 | 2. 车二平四 | 将5进1 |
| 3. 车八进二 | 将5进1 | 4. 车四平五 | 士4退5 |

5. 车八退一　　　　（红胜）

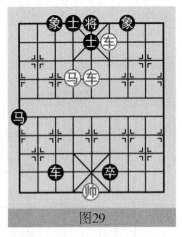

图29

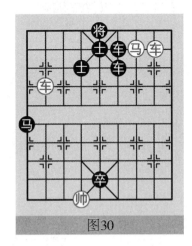

图30

例7

如图31，红先：

| 1. 马二进四 | 将5平6 | 2. 马四进二 | 将6平5 |
| 3. 车四进三 | 士5退6 | 4. 马二退四 | 将5进1 |

5. 车八进一　　　　（红胜）

例8

如图32，红先：

| 1. 车六平五 | 将5平4 | 2. 车五进一 | 将4进1 |
| 3. 车二进四 | 士6进5 | 4. 车二平五 | 将4进1 |

5. 车五平六　　　　（红胜）

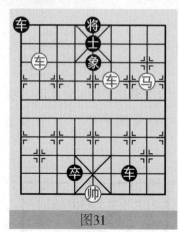

图31

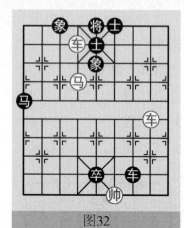

图32

例9

如图33，红先：

1. 车四进一	将5平6
2. 车六进一	将6进1
3. 马一进二	将6平5
4. 马二退三	将5平6
5. 车六平四	（红胜）

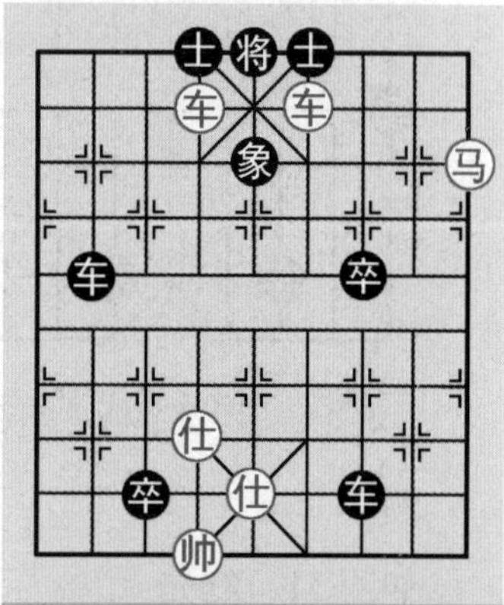

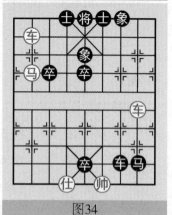

图33

例10

如图34，红先：

1. 马八进七	将5进1
2. 马七退六	将5退1
3. 车八平五	士4进5
4. 马六进七	将5平4
5. 车二平六	士5进4
6. 车六进三	（红胜）

图34

象棋残局破解指南

例11

如图35，红先：

1. 车四进七　　　士5退6

2. 车八进二　　　将4进1

3. 车八退一　　　将4退1

4. 马五进七　　　将4平5

5. 车八进一　　　车4退8

6. 车八平六　　　（红胜）

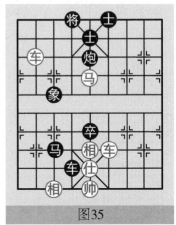

图35

例12

如图36，红先：

1. 车八进九　　　士5退4

2. 车八平六　　　将5进1

3. 马六进四　　　炮7平6

4. 后车进四　　　将5进1　　　5. 前车平五　　　士6进5

6. 车五退一　　　（红胜）

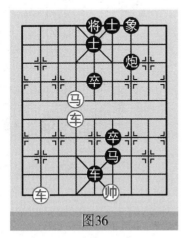

图36

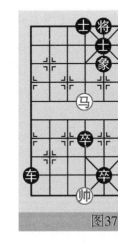

图37

例13

如图37，红先：

1. 车一进七	士 5 退 6	2. 车一平四	将 5 平 6
3. 马六进五	将 6 进 1	4. 马五进六	将 6 平 5
5. 马六退七	将 5 平 4	6. 车二平六	（红胜）

例 14

如图 38，红先：

1. 马五进六	士 5 进 4
2. 车五进三	士 4 退 5
3. 车五进一	将 5 平 6
4. 车五进一	将 6 进 1
5. 车八进四	士 4 进 5
6. 车八平五	将 6 进 1
7. 前车平四	（红胜）

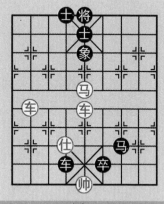

图38

例 15

如图 39，红先：

1. 车六进一	士 5 退 4
2. 车八平五	士 4 进 5
3. 车五进二	将 5 平 4
4. 车五进一	将 4 进 1
5. 马三退五	将 4 进 1
6. 马五进四	将 4 退 1
7. 车五平六	（红胜）

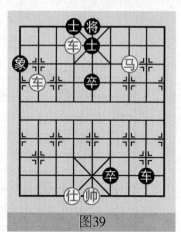

图39

例 16

如图 40，红先：

1. 马六进七	车 4 进 1
2. 车八进三	士 5 退 4

3. 车八平六	将 5 进 1
4. 车六退一	将 5 平 4
5. 车四平六	将 4 平 5
6. 车六进四	将 5 退 1
7. 车六平四	（红胜）

例 17

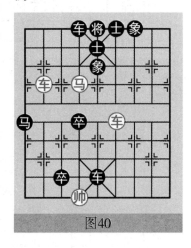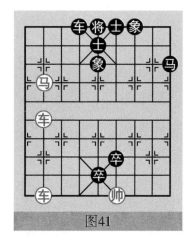

图40 图41

如图 41，红先：

1. 马八进七	车 4 进 1
2. 前车进五	士 5 退 4
3. 前车平六	将 5 进 1
4. 马七退六	将 5 平 6
5. 车六退一	士 6 进 5
6. 车六平五	将 6 退 1
7. 车八进九	（红胜）

例 18

如图 42，红先：

1. 车六进三　　　士5退4

2. 车八平六　　　将5进1

3. 马八进七　　　将5进1

4. 车六退二　　　将5退1

5. 车六平三　　　将5平6

6. 马七进六　　　将6平5

7. 车三平五　　　（红胜）

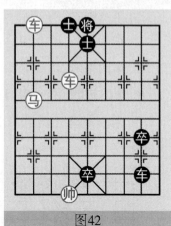

图42

例19

如图43，红先：

1. 前车进六　　　将6进1

2. 前车退一　　　将6退1

3. 前车平四　　　将6进1

4. 马一进二　　　将6退1

5. 车三进九　　　将6进1

6. 车三平七　　　将6进1

7. 车七退二　　　士5进4

8. 车七平六　　　（红胜）

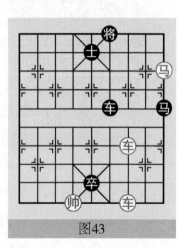

图43

例20

如图44，红先：

1. 马六进四　　　将5平4

2. 车二平四　　　将4进1

3. 车五平八　　　士5进6

4. 车八进一　　　将4进1

5. 车四退二　　　象3退5

6. 车八退一　　　将4退1

7. 车四进一　　　将4退1

8. 车八进二　　　　象 5 退 3

9. 车八平七　　　　（红胜）

例 21

如图 45，红先：

1. 前车进一　　　　将 4 进 1

2. 车七进二　　　　将 4 进 1

3. 后车平六　　　　将 4 退 1

4. 马六进八　　　　将 4 进 1

5. 车七退二　　　　将 4 退 1

6. 车七退一　　　　将 4 进 1

7. 马八进七　　　　将 4 退 1

8. 车七平六　　　　士 5 进 4

9. 车六进一　　　　（红胜）

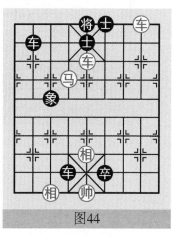

图44

图45

例 22

如图 46，红先：

1. 车二进一　　　　将 6 进 1

2. 马五退三　　　　象 5 进 7

3. 车八平四	将6平5
4. 车二退一	士5进6
5. 车二平四	将5退1
6. 车四进一	将5退1
7. 后车平五	士4进5
8. 车五进二	将5平4
9. 车四进一	（红胜）

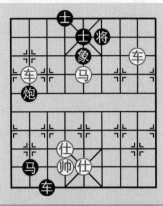

图46

例23

如图47，红先：

1. 车八进三	象5退3
2. 车八平七	炮4退2
3. 马二进四	士5进6
4. 车六进五	将5进1
5. 车六平五	将5平6
6. 车五平四	将6平5
7. 车四平五	将5平6
8. 车七退一	士6退5
9. 车七平五	将6进1
10. 前车平四	（红胜）

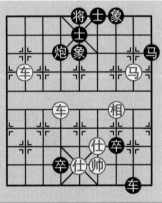

图47

例24

如图48，红先：

1. 车一进四	士5退6
2. 马三进四	将5进1
3. 马四退六	将5平4
4. 车一退一	士4进5
5. 车一平五	士6进5

6. 马六进八	将 4 进 1
7. 车二平六	将 4 平 5
8. 车六平五	将 5 平 4
9. 马八进七	将 4 退 1
10. 车五平六	士 5 进 4
11. 车六进二	（红胜）

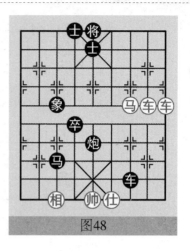

图48

第二节　车炮成杀定式

例 1

如图 49，红先：

| 1. 炮八进七 | 士 5 退 4 | 2. 车六进五 | 将 5 进 1 |
| 3. 车六退一 | （红胜） | | |

例 2

如图 50，红先：

1. 车七平三	将 5 平 6	2. 炮七进八	车 4 退 7
3. 车三进二	将 6 进 1	4. 车三退一	将 6 进 1
5. 车三退七	将 6 退 1	6. 车三平四	（红胜）

棋牌娱乐指南 QIPAIYULEZHINAN

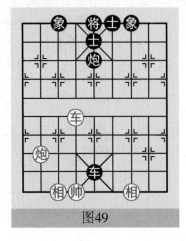

图49

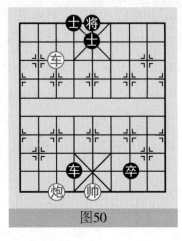

图50

第三节　车马成杀定式

例1

如图51，红先：

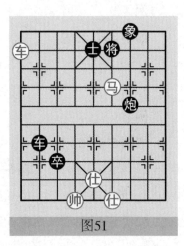

图51

1. 马四进六	将6进1
2. 马六退五	将6退1
3. 马五进三	将6进1
4. 车九退一	象7进5
5. 车九平五	（红胜）

例2

如图52，红先：

1. 车二进五	象5退7		
2. 马五进四	将5平6		
3. 马四进二	将6进1	4. 马二退三	将6退1

象棋残局破解指南

5. 车二平三　　　　　（红胜）

例3

如图53，红先：

1. 车二进五	将6进1	2. 车二退一　　　将6退1
3. 马四进三	将6平5	4. 车二进一　　　象5退7
5. 车二平三	士5退6	6. 车三平四　　　（红胜）

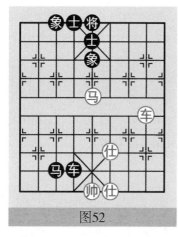

图52

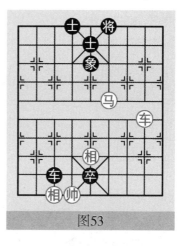

图53

例4

如图54，红先：

1. 车七进五　　　　将4进1

2. 马九进八　　　　将4进1

3. 车七退二　　　　将4退1

4. 车七退三　　　　将4进1

5. 马八进七　　　　将4退1

6. 车七平六　　　　士5进4

7. 车六进三　　　　（红胜）

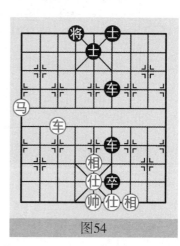

图54

例5

如图55，红先：

1. 车七平五	士6进5	2. 马三进四	将5平6
3. 马四进二	将6平5	4. 车五进二	将5平4
5. 车五进一	将4进1	6. 马二退四	将4进1
7. 车五平六	（红胜）		

例6

如图56，红先：

1. 车二进四	将6进1	2. 车二退一	将6退1
3. 马四进三	将6平5	4. 车二平五	将5平4
5. 车五进一	将4进1	6. 马三退五	将4进1
7. 马五退七	将4退1	8. 马七进八	将4进1
9. 车五平六	（红胜）		

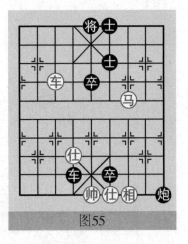

图55

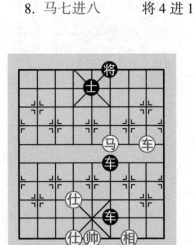

图56

第四节　马炮成杀定式

例1

如图57，红先：

1. 马八进六	将5进1	2. 马六退五	象7进5
3. 马五进七	象5进3	4. 兵七平六	将5退1
5. 马七进五	士4进5	6. 马五进三	（红胜）

例2

如图58，红先：

1. 马一进三	将5平6	2. 炮五平四	士5进6
3. 兵四进一	炮1平6	4. 兵四进一	将6平5
5. 兵四进一	将5进1	6. 马三退四	（红胜）

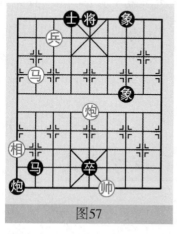

图57

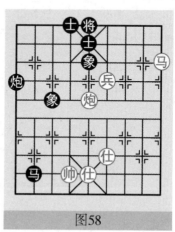

图58

例3

如图59，红先：

1. 兵七进一	将 4 进 1	2. 马三进四	将 4 平 5
3. 马四退六	将 5 平 4	4. 炮二平六	车 1 平 4
5. 马六进四	将 4 平 5	6. 马四进三	（红胜）

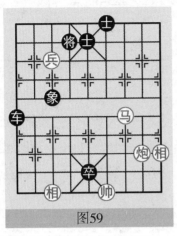

图59

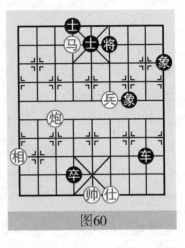

图60

例 4

如图 60，红先：

1. 炮七平四	士 5 进 6	2. 兵四平三	士 6 退 5
3. 兵三平四	士 5 进 6	4. 马六退五	将 6 退 1
5. 马五进三	将 6 进 1	6. 兵四平三	士 6 退 5
7. 马三退四	士 5 进 6	8. 马四进六	士 6 退 5
9. 马六进四	将 6 进 1	10. 兵三平四	（红胜）

第五节　车炮兵成杀定式

例 1

如图 61，红先：

象棋残局破解指南

1. 车九进四	士 5 退 4	2. 炮七进四	士 4 进 5
3. 炮七退二	士 5 退 4	4. 兵四进一	将 5 进 1
5. 车九退一	（红胜）		

例 2

如图 62，红先：

1. 车六平四	士 5 进 6	2. 炮二平四	士 6 退 5
3. 炮四平五	士 5 进 6	4. 兵六平五	士 4 进 5
5. 炮五平四	（红胜）		

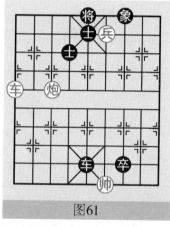

图61

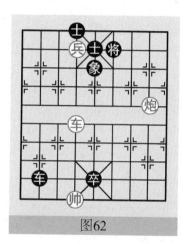

图62

例 3

如图 63，红先：

1. 车一进五	士 5 退 6
2. 炮二进三	士 6 进 5
3. 炮二退六	士 5 退 6
4. 兵五进一	将 5 进 1
5. 炮二平五	将 5 平 6
6. 车一退一	（红胜）

例4

如图64，红先：

1. 车六平四　　　士5进6

2. 车四进五　　　将6进1

3. 兵三平四　　　将6退1

4. 炮二平四　　　车8平6

5. 兵四进一　　　将6退1

6. 兵四进一　　　（红胜）

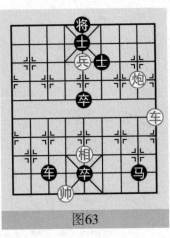

图63

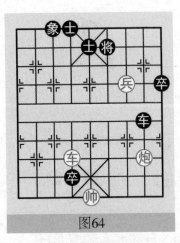

图64

例5

如图65，红先：

1. 车一进九　　　士5退6

2. 炮三进五　　　士6进5

3. 炮三退二　　　士5退6

4. 兵四进一　　　将5平4

5. 兵四平五　　　将4进1

6. 车一退一　　　（红胜）

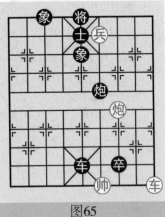

图65

第六节　双车兵成杀定式

例1

如图66，红先：

1. 兵四平五	将 4 平 5	2. 车五进一	将 5 进 1
3. 车六平五	（红胜）		

例2

如图67，红先：

1. 兵三平四	将 6 进 1	2. 前车平四	士 5 进 6
3. 车四进一	将 6 进 1	4. 车三平四	（红胜）

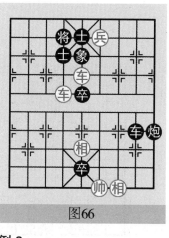

图66

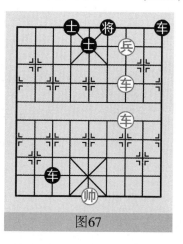

图67

例3

如图68，红先：

1. 车二进八	将 6 退 1	2. 车二进一	将 6 进 1
3. 兵三进一	将 6 进 1	4. 车二平四	士 5 退 6

5. 车八平四　　　　　（红胜）

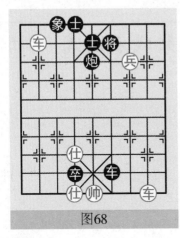

图68

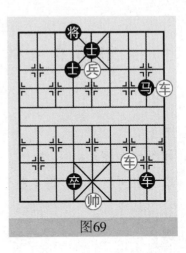

图69

例4

如图69，红先：

1. 车一进三	将4进1	2. 兵五进一	士4退5
3. 车三平六	士5进4	4. 车一平六	将4退1
5. 车六进五	（红胜）		

例5

如图70，红先：

1. 车一进七　　　象5退7

2. 车一平三　　　士5退6

3. 车三平四　　　将5进1

4. 车四退一　　　将5进1

5. 车四退一　　　将5退1

6. 车四进一　　　将5退1

7. 车二进五　　　（红胜）

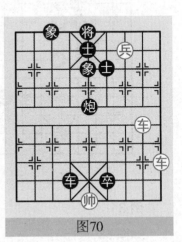

图70

第七节　双车炮成杀定式

例1

如图71，红先：

1. 车二平四　　将6平5　　2. 车八平五　　士6退5

3. 车四进一　　（红胜）

例2

如图72，红先：

1. 车三平五　　将5平6　　2. 炮九进三　　象3进1

3. 车八进三　　象1退3　　4. 车八平七　　（红胜）

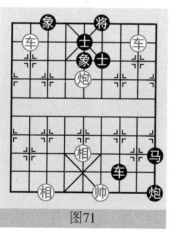

图71

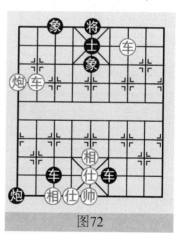

图72

例3

如图73，红先：

1. 车四进三　　将5平6

2. 车六进一　　将6进1

3. 炮六进六　　　　将6进1

4. 车六平四　　　　（红胜）

例4

如图74，红先：

1. 车八平六　　　　士5退4

2. 车三平六　　　　士4进5

3. 炮七平五　　　　卒5进1

4. 帅六进一　　　　（红胜）

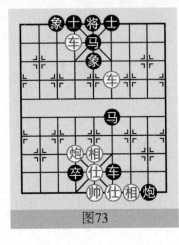

图73

例5

如图75，红先：

1. 车三进五　　　　象9退7　　　　2. 炮二进五　　　　士5退6

3. 车四进三　　　　将5进1　　　　4. 车四退一　　　　（红胜）

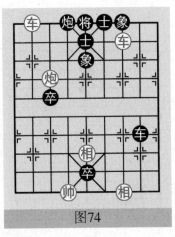

图74

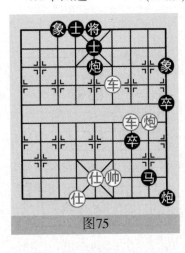

图75

例6

如图76，红先：

1. 前车进三　　　　将6进1　　　　2. 后车平四　　　　士5进6

3. 车六退一　　　　将6退1　　　　4. 车四进三　　　　（红胜）

例7

如图77, 红先:

1. 前车平五　　　将4进1

2. 炮三退一　　　象5进7

3. 车四进三　　　象7退5

4. 车四平五　　　(红胜)

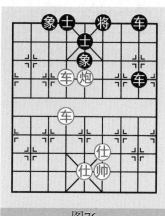

图76

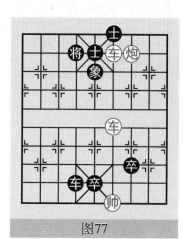

图77

例8

如图78, 红先:

1. 车三进六　　　将6退1　　　2. 车三平五　　　车5退6

3. 车四平三　　　将6平5　　　4. 车三进三　　　(红胜)

例9

如图79, 红先:

1. 车五进一　　　将6平5　　　2. 车七平五　　　将5平6

3. 车五平四　　　将6平5　　　4. 炮九平五　　　将5平4

5. 车四平六　　　(红胜)

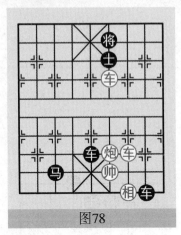

图78

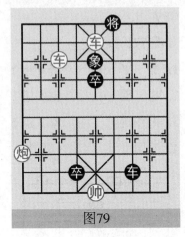

图79

例 10

如图80，红先：

1. 车八平五	将 5 进 1
2. 车六进四	将 5 退 1
3. 车六进一	将 5 进 1
4. 车六退一	将 5 退 1
5. 炮八进三	（红胜）

例 11

如图81，红先：

1. 前车进三	士 5 退 6
2. 车四进五	将 5 进 1
3. 车四退一	将 5 退 1
4. 炮九平五	士 4 进 5
5. 车四进一	（红胜）

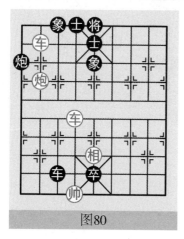

图80

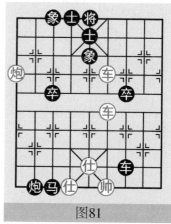

图81

例 12

如图 82，红先：

1. 车七进二	将 4 退 1
2. 车七平六	将 4 平 5
3. 炮八进三	象 3 进 1
4. 车四平五	士 4 退 5
5. 车六进一	（红胜）

例 13

如图 83，红先：

1. 车二平六	车 1 平 4
2. 车九进四	将 4 退 1
3. 车六进三	将 4 平 5
4. 车九进一	士 5 退 4
5. 车九平六	（红胜）

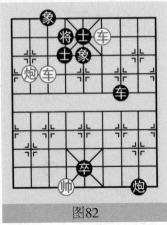

图82

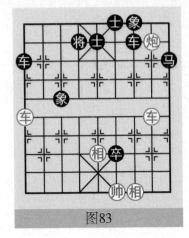

图83

例14

如图84，红先：

1. 车二进六　　　将6退1

2. 炮九进三　　　象5退3

3. 车二进一　　　将6进1

4. 车七进二　　　士4进5

5. 车二平四　　　（红胜）

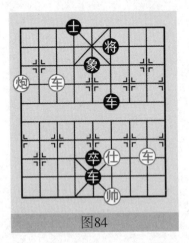

图84

图85

例 15

如图 85，红先：

1. 炮七进五   象 5 退 3   2. 车六进五   将 6 进 1

3. 车七平四   士 5 进 6   4. 车四进一   将 6 进 1

5. 车六平四   （红胜）

例 16

如图 86，红先：

1. 车八进三   士 5 退 4

2. 车八平六   将 5 进 1

3. 车六退一   将 5 退 1

4. 车五进一   士 6 进 5

5. 车五进一   将 5 平 6

6. 车六进一   （红胜）

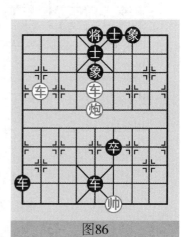

图86

例 17

如图 87，红先：

1. 炮八进三   象 3 进 1

2. 车七进七   士 5 退 4   3. 车五进二   将 5 平 6

4. 车七退五   士 4 进 5   5. 车七平四   将 6 平 5

6. 车四进五   （红胜）

例 18

如图 88，红先：

1. 车七平一   马 4 进 3   2. 车三进二   炮 6 退 1

3. 车三平四   将 5 平 6   4. 车一进五   象 5 退 7

5. 车一平三   将 6 进 1   6. 炮五平四   （红胜）

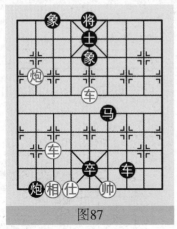

图87

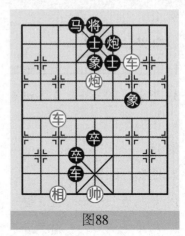

图88

例 19

如图 89，红先：

1. 车三进七	士 5 退 6	2. 车三平四	将 4 进 1
3. 车七进四	将 4 进 1	4. 炮二退一	象 5 进 7
5. 车四退二	象 7 退 5	6. 车四进一	象 5 进 7
7. 车七退一	（红胜）		

例 20

如图 90，红先：

1. 车二进三	士 5 退 6	2. 车二退一	士 6 进 5
3. 车三进五	士 5 退 6	4. 车三退一	士 6 进 5
5. 车二进一	士 5 退 6	6. 车三平五	将 5 进 1
7. 车二退一	（红胜）		

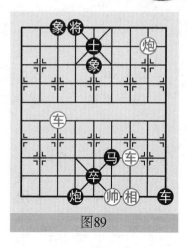

图89

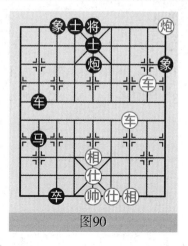

图90

第八节　车马兵成杀定式

例1

如图91，红先：

1. 马八进七	将4进1
2. 兵四平五	士6进5
3. 马七进八	将4退1
4. 车二进九	士5退6
5. 车二平四	（红胜）

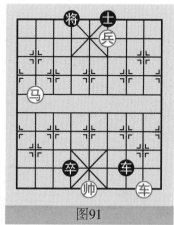

图91

例2

如图92，红先：

1. 车二进五	象5退7
2. 车二平三	将6进1
3. 兵四进一	将6进1
4. 车三平四	将6平5
5. 马六退七	（红胜）

例 3

如图 93，红先：

1. 马八进六	士 5 进 4
3. 兵四平五	将 5 平 4
5. 车三平六	（红胜）

2. 车三进五	将 5 进 1
4. 兵五平六	将 4 进 1

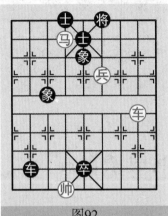

图92

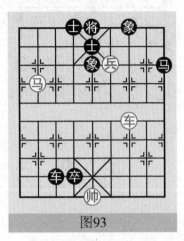

图93

例 4

如图 94，红先：

1. 兵三平四　　　将 4 进 1

2. 车三平四　　　士 5 进 6

3. 车四进三　　　将 6 平 5

4. 车四平五　　　将 5 平 4

5. 马六进八　　　将 4 退 1

6. 车五进二　　　（红胜）

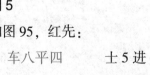

图94

例 5

如图 95，红先：

1. 车八平四	士 5 进 6
3. 马二进三	将 5 进 1

2. 车四进三	将 6 平 5
4. 车四平五	将 5 平 6

5. 兵三平四　　　将6退1　　　6. 车五进二　　　（红胜）

例6

如图96，红先：

1. 车五平六　　　将4平5　　　2. 马四进六　　　将5平4

3. 兵七进一　　　将4进1　　　4. 马六进八　　　将4平5

5. 车六平五　　　将5平4　　　6. 马八退七　　　将4进1

7. 车五进一　　　（红胜）

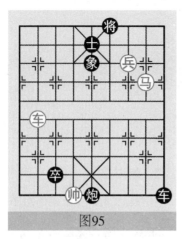

图95

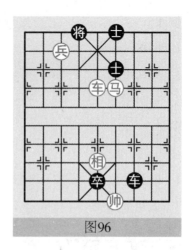

图96

例7

如图97，红先：

1. 兵六进一　　　将5平4

2. 马二进四　　　将4平5

3. 马四退六　　　将5平4

4. 马六进八　　　将4平5

5. 车八平五　　　士6进5

6. 车五进二　　　将5平6

7. 车五进一　　　将6进1

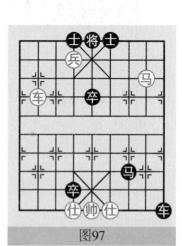

图97

8. 马八退六　　　　将6进1

9. 车五平四　　　　（红胜）

第九节　双车双炮成杀定式

例1

如图98，红先：

1. 车八平六　　　将4进1　　　2. 车四退一　　　象3进5

3. 车四平五　　　将4平5　　　4. 炮二退一　　　（红胜）

例2

如图99，红先：

1. 车七进九　　　象5退3　　　2. 炮三进五　　　士6进5

3. 车九平六　　　将4进1　　　4. 炮五平六　　　（红胜）

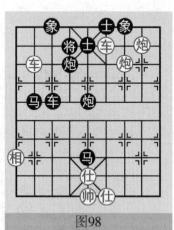

图98

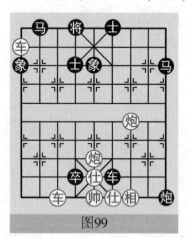

图99

例3

如图100，红先：

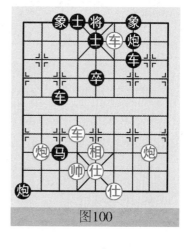

1. 车四平五　　　士4进5

2. 炮八进七　　　士5退4

3. 车六进六　　　将5进1

4. 炮二进六　　　将5进1

5. 车六退二　　　（红胜）

例4

如图101，红先：

1. 车六进一　　　将5平4

2. 车四进一　　　将4进1

3. 炮四进六　　　将4进1

4. 炮七平六　　　炮4平3　　　5. 车四平六　　　（红胜）

例5

如图102，红先：

1. 前车进三　　　士5退4　　　2. 炮九进三　　　象5退3

3. 炮八平五　　　象7进5　　　4. 车六进七　　　将5进1

5. 车六退一　　　（红胜）

图100

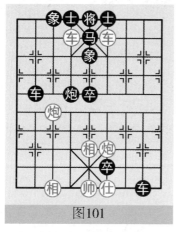

图101

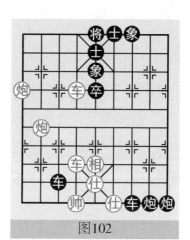

图102

例6

如图103，红先：

1. 炮八平五	卒5进1
2. 车九平五	马6进5
3. 车五进一	象7进5
4. 车五进一	士6进5
5. 车五进一	将5平6
6. 车五进一	（红胜）

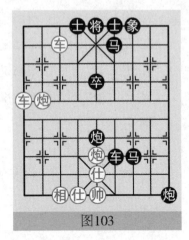

图103

例7

如图104，红先：

1. 前车进一	士5退4	2. 后炮进二	象7进5
3. 后炮进三	士6进5	4. 后炮进三	将5平6
5. 车六平四	士5进6	6. 车四进四	（红胜）

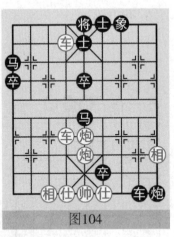

图104

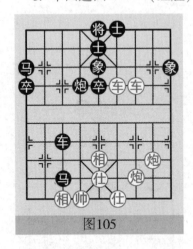

图105

例8

如图105，红先：

1. 炮二进七	象9退7	2. 炮三进八	象5退7
3. 车四进三	士5退6	4. 车三平五	将5平4

5. 车五平六　　　将4平5　　　6. 车六平五　　　（红胜）

例9

如图106，红先：

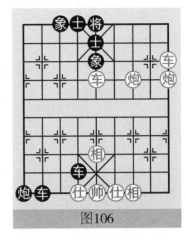

图106

1. 车一进二　　　士5退6

2. 炮三进三　　　士6进5

3. 炮三退二　　　士5退6

4. 车五进一　　　象3进5

5. 炮一平五　　　象5退7

6. 炮三平五　　　（红胜）

例10

如图107，红先：

1. 前车进一　　　士5退4　　　2. 车六进六　　　将5进1

3. 车六退一　　　将5退1　　　4. 炮三平五　　　象5进3

5. 炮二平五　　　象3退5　　　6. 车六进一　　　（红胜）

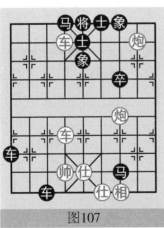

图107

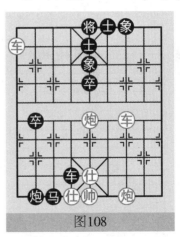

图108

例11

如图108，红先：

1. 炮三进九　　　象5退7　　　2. 车九平五　　　将5平4

3. 车五进一	将 4 进 1	4. 车三进四	士 6 进 5
5. 车三平五	将 4 进 1	6. 前车平六	（红胜）

例 12

如图 109，红先：

1. 车九进三	士 5 退 4
2. 炮七进七	士 4 进 5
3. 炮七退三	士 5 退 4
4. 车五进三	象 7 进 5
5. 炮二平五	士 6 进 5
6. 炮七进三	（红胜）

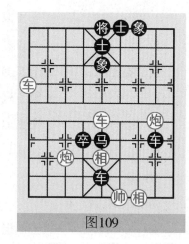

图109

例 13

如图 110，红先：

1. 炮五进三	士 5 进 4	2. 炮三平五	将 5 平 4
3. 后炮平六	将 4 平 5	4. 炮五平二	士 4 退 5
5. 车五进三	士 6 进 5	6. 车三进五	（红胜）

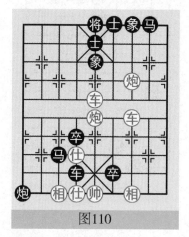

图110

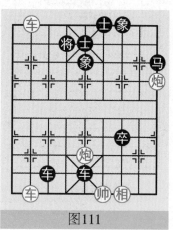

图111

例 14

如图 111，红先：

78

1. 后车进八	将4进1	2. 后车退一	将4退1
3. 前车退一	将4退1	4. 后车平六	士5进4
5. 车八平六	将4进1	6. 炮一平六	士4退5
7. 炮五平六	（红胜）		

例15

如图112，红先：

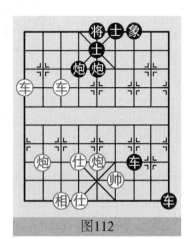

图112

1. 车九进三	炮4退2
2. 炮八进七	炮4进2
3. 车七进三	炮4退2
4. 车七平六	将5平4
5. 炮八退八	将4进1
6. 炮八平六	士5进4
7. 仕六退五	士4退5
8. 炮五平六	（红胜）

第十节　双马炮成杀定式

例

如图113，红先：

1. 马六进七	将4进1	2. 马七进八	将4退1
3. 炮九进五	象5退3	4. 马八退七	将4进1
5. 马七退五	将4进1	6. 马五退六	将4平5
7. 马六进七	将5平6	8. 马七退五	将6退1
9. 马四进二	（红胜）		

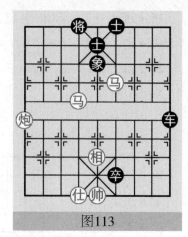

图113

第十一节　双炮马成杀定式

例1

如图114，红先：

1. 炮一进三	象7进9	2. 马三进二　　将6平5
3. 炮四进七	象5退7	4. 炮四退一　　（红胜）

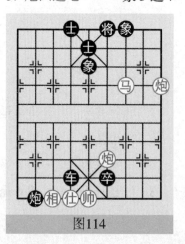

图114

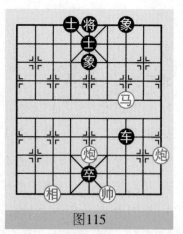

图115

例2

如图115，红先：

1. 炮一进七	象7进9	2. 马三进四	将5平6
3. 炮五平四	车7平6	4. 马四进三	（红胜）

例3

如图116，红先：

1. 马五进七	将4退1	2. 炮二进二	象5退7
3. 马七进八	将4进1	4. 炮二退一	士5进6
5. 炮五进六	（红胜）		

例4

如图117，红先：

1. 马三进五	象3进5	2. 马五进七	将5平6
3. 马七进六	将6进1	4. 炮六进三	象5退3
5. 炮五进二	（红胜）		

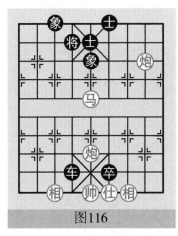

图116

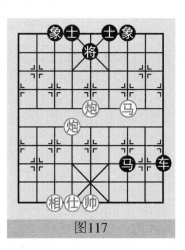

图117

第十二节　双车双马成杀定式

例1

如图118，红先：

1. 车四进三	将5平6	2. 车六进五	将6进1
3. 马二进三	将6平5	4. 马一进三	将5平6
5. 车六平四	（红胜）		

例2

如图119，红先：

1. 车三平六	士5进4	2. 车七平六	将4进1
3. 马六进七	将4退1	4. 马七进八	将4进1
5. 马二进四	（红胜）		

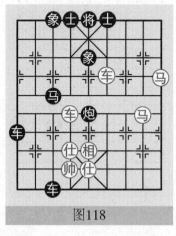

图118

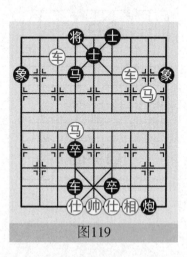

图119

例3

如图120，红先：

1. 马九进七	将 4 退 1	2. 车四进一	士 5 退 6
3. 车五平六	将 4 平 5	4. 马二进四	将 5 进 1
5. 车六进一	（红胜）		

例 4

如图 121，红先：

1. 车四进一	将 5 平 6	2. 马三进二	将 6 平 5
3. 马一进三	将 5 平 6	4. 马三退四	将 6 平 5
5. 车六平五	士 4 进 5	6. 马四进三	将 5 平 6
7. 马三退五	将 6 平 5	8. 马五进七	（红胜）

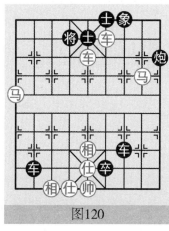

图120

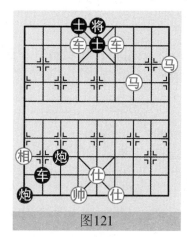

图121

例 5

如图 122，红先：

1. 前车平四	将 6 进 1	2. 车三平四	士 5 进 6
3. 车四进三	将 6 平 5	4. 马八进七	将 5 退 1
5. 车四平五	士 4 进 5	6. 车五进一	将 5 平 6
7. 车五平三	将 6 平 5	8. 车三进一	（红胜）

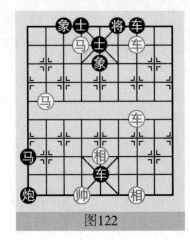

图122

第十三节　车双炮成杀定式

例1

如图123，红先：

1. 车七进五	士5退4	2. 车七平六	将5进1
3. 炮一进四	车8退3	4. 炮三进一	车8平9
5. 车六退一	（红胜）		

例2

如图124，红先：

1. 炮二进三	将5进1	2. 车二进四	将5进1
3. 炮一退二	士6退5	4. 车二退一	士5进6
5. 车二退三	将5退1	6. 车二进四	将5退1
7. 炮一进二	（红胜）		

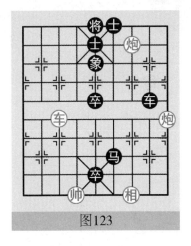

图123

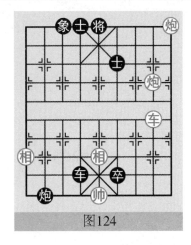

图124

第十四节　车双马成杀定式

例1

如图125，红先：

1. 马五进三	将6进1	2. 车七平六	士5进4
3. 马八退六	士4退5	4. 马三进二	将6退1
5. 马六退五	（红胜）		

例2

如图126，红先：

1. 车一进五	将5进1	2. 车一退一	将5退1
3. 马五进三	将5进1	4. 前马退四	将5进1
5. 马四退五	将5平4	6. 马五进七	（红胜）

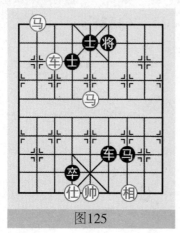

图125

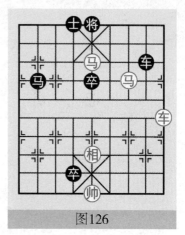

图126

例3

如图127，红先：

1. 马三进四	将4进1	2. 马四退五	将4平5
3. 马五进三	将5平4	4. 马九进八	将4退1
5. 马八退七	将4进1	6. 马三退五	（红胜）

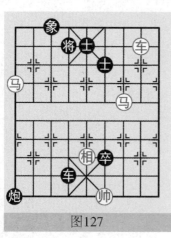

图127

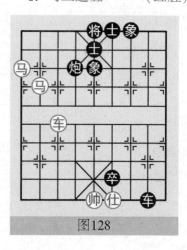

图128

例4

如图128，红先：

| 1. 车七进五 | 象5退3 | 2. 马八进六 | 将5平4 |

3. 马六进八　　　将4平5　　　4. 马九进七　　　将5平4

5. 马七退五　　　将4平5　　　6. 马五进三　　　（红胜）

第十五节　车马炮成杀定式

例1

如图129，红先：

1. 车六进三　　　马3退4　　　2. 马七进八　　　卒5进1

3. 帅六进一　　　马4进3　　　4. 马八退六　　　将5平4

5. 炮五平六　　　（红胜）

例2

如图130，红先：

1. 马九退七　　　将5进1　　　2. 车八平五　　　将5平6

3. 炮八进二　　　士6进5　　　4. 车五平四　　　将6进1

5. 马七退六　　　（红胜）

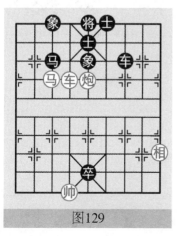

图129

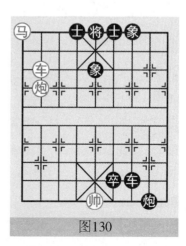

图130

例3

如图131，红先：

1. 车七进五	将4进1	2. 车七退一	将4退1
3. 马三进四	将4平5	4. 马四退六	将5平4
5. 炮九平六	（红胜）		

例4

如图132，红先：

1. 车八平六	士5进4	2. 炮八平六	士4退5
3. 炮六平四	士5进4	4. 马三退四	将4平5
5. 车六平五	（红胜）		

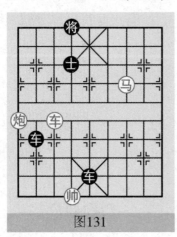

图131

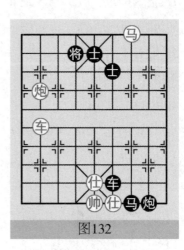

图132

例5

如图133，红先：

1. 车九进一	士5退4	2. 炮七进三	士4进5
3. 炮七平三	士5退4	4. 车九平六	将5平4
5. 马三进四	（红胜）		

例6

如图134，红先：

1. 车八进三	士5退4	2. 炮七进九	士4进5
3. 炮七退二	士5退4	4. 马四进六	将5进1
5. 车八退一	（红胜）		

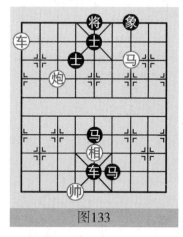

图133

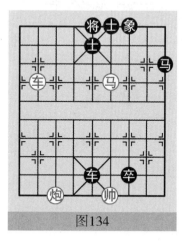

图134

例7

如图135，红先：

1. 炮一进五	士5进6	2. 马五进四	将5进1
3. 马四进二	车5平9	4. 马二退一	马3退5
5. 帅四平五	车9平4	6. 马一进三	将5平4
7. 车四进二	士4进5	8. 车四平五	将4进1
9. 马三进四	（红胜）		

例8

如图136，红先：

1. 炮二进二	士6退5	2. 车八进一	将4进1
3. 马三退四	将4平5	4. 车八退一	士5进4
5. 车八平六	（红胜）		

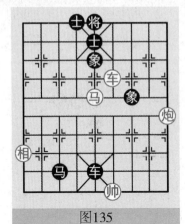

图135

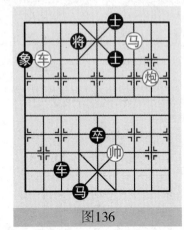

图136

棋牌娱乐指南

QIPAIYULEZHINAN

例9

如图137，红先：

1. 马三进五　　将 4 进 1

2. 车二进二　　士 6 进 5

3. 马五退七　　将 4 退 1

4. 车二进一　　士 5 退 6

5. 车二平四　　（红胜）

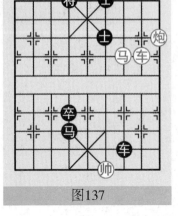

图137

例10

如图138，红先：

1. 车二平四　　士 5 进 6

2. 车四进一　　将 6 平 5

3. 马八进七　　将 5 进 1　　　4. 马七退六　　将 5 退 1

5. 车四进二　　将 5 平 6　　　6. 马六进四　　（红胜）

例11

如图139，红先：

1. 马三进四　　将 5 进 1　　　2. 马四退六　　将 5 退 1

3. 马六进七　　将 5 进 1　　　4. 车八平五　　将 5 平 4

象棋残局破解指南

5. 车五平六　　　　将 4 平 5　　　　6. 炮八进五　　　　（红胜）

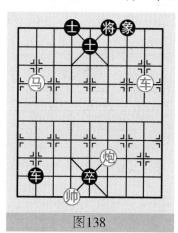

图138

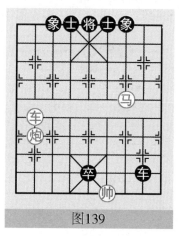

图139

例 12

如图 140，红先：

1. 马三进四　　　士 4 退 5

2. 车八平六　　　将 4 平 5

3. 马四进二　　　炮 6 退 3

4. 马二退三　　　炮 6 进 2

5. 车六进九　　　将 5 平 4

6. 马三进四　　　（红胜）

例 13

如图 141，红先：

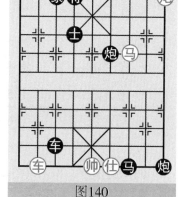

图140

1. 车四进一　　　士 5 退 6　　　　2. 炮二进三　　　士 6 进 5

3. 马三进四　　　车 7 退 4　　　　4. 马四退五　　　士 5 退 6

5. 马五进三　　　将 5 进 1　　　　6. 炮二退一　　　（红胜）

例 14

如图 142，红先：

1. 炮八进二　　　士 5 进 4　　　　2. 车七进二　　　士 4 退 5

3. 车七进一　　　士 5 进 4　　　4. 车七退一　　　士 4 退 5

5. 马二退三　　　将 6 退 1　　　6. 炮八进一　　　（红胜）

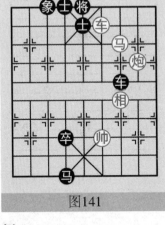

图141

图142

例 15

如图 143，红先：

1. 车二进八　　　将 6 进 1

2. 车二退一　　　将 6 退 1

3. 炮九进六　　　士 5 进 4

4. 马八进七　　　士 6 进 5

5. 车二平四　　　将 6 进 1

6. 马七退六　　　（红胜）

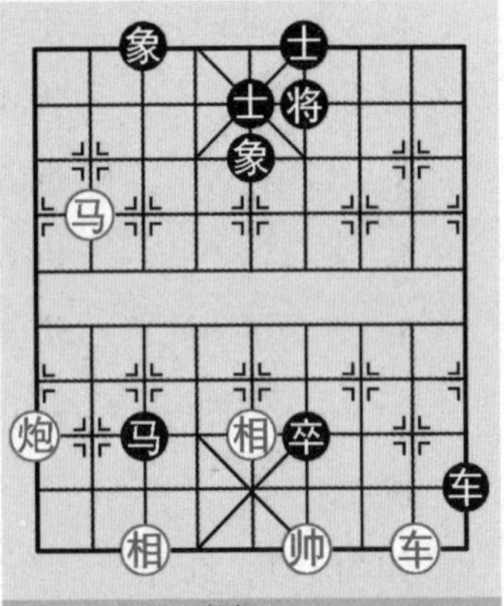

例 16

如图 144，红先：

1. 马五退七　　　将 5 平 6　　　2. 车五进三　　　将 6 退 1

3. 车五进一　　　将 6 进 1　　　4. 车五平四　　　将 6 退 1

5. 马七进六　　　将 6 进 1　　　6. 炮七进三　　　（红胜）

例 17

如图 145，红先：

图143

象棋残局破解指南

1. 马五进四	车 3 平 6	2. 车三进五	车 6 进 1
3. 车三平六	卒 5 进 1	4. 帅六进一	马 6 退 5
5. 炮七进三	士 4 进 5	6. 车六进一	（红胜）

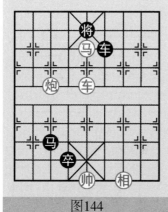

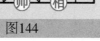

图144

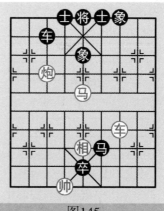

图145

例 18

如图 146，红先：

1. 马七进八	将 4 退 1
2. 车二进五	士 6 进 5
3. 炮三进四	士 5 退 6
4. 炮三退一	士 6 进 5
5. 马八退七	将 4 退 1
6. 车二进一	士 5 退 6
7. 车二平四	（红胜）

例 19

如图 147，红先：

1. 炮二进一	象 7 进 9
2. 炮二平七	车 2 进 3
3. 仕五退六	卒 6 进 1

4. 帅五平四　　　车 2 平 4

5. 帅四进一　　　象 3 退 5

6. 马七进六　　　士 5 退 4

7. 车三进二　　　（红胜）

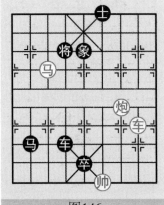

图146

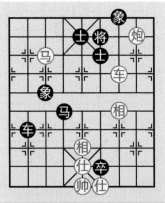

图147

例 20

如图 148，红先：

1. 马八进六　　　将 5 进 1

2. 马六进七　　　将 5 退 1

3. 车六进三　　　将 5 进 1

4. 车六平四　　　将 5 平 4

5. 车四退一　　　士 6 退 5

6. 车四平五　　　将 5 退 1

7. 马七退六　　　（红胜）

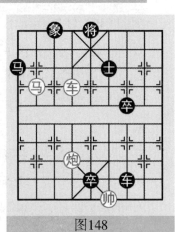

图148

例 21

如图 149，红先：

1. 车七平五　　　车 4 进 1

2. 仕五退六　　　车 3 平 9

94

3. 车五进一　　　将6进1

4. 炮一平四　　　士6退5

5. 马三退四　　　士5进6

6. 马四退六　　　士6退5

7. 马六退四　　　士5进6

8. 马四进三　　　（红胜）

例22

如图150，红先：

1. 炮一进三　　　士6进5

2. 车三进二　　　士5退6

3. 马三进一　　　车7平6

4. 车三平四　　　将5进1

5. 车四退四　　　卒7平6

6. 车四平五　　　将5平4

7. 车五平六　　　将4平5

8. 车六退四　　　（红胜）

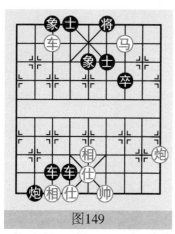

图149

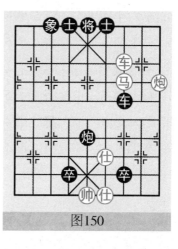

图150

例 23

如图 151，红先：

1. 马三进二　　　将 6 退 1

2. 车八平四　　　士 5 进 6

3. 车四进二　　　将 6 平 5

4. 炮一进三　　　象 5 退 7

5. 马二退三　　　将 5 进 1

6. 车四进二　　　将 5 进 1

7. 马三退四　　　将 5 退 1

8. 马四进六　　　将 5 平 4

9. 车四平六　　　（红胜）

例 24

如图 152，红先：

1. 车四平六　　　士 5 进 4

2. 车六进三　　　车 7 平 4

3. 车六进一　　　将 4 平 5

4. 车六平四　　　将 5 平 4

5. 马七退五　　　将 4 平 5

6. 马五进七　　　将 5 平 4

7. 马七退六　　　将 4 平 5

8. 炮六平五　　　将 5 平 4

9. 车四平六　　　将 4 进 1

10. 炮五平六　　　（红胜）

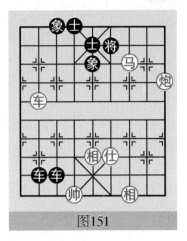

图151

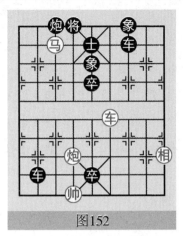

图152

例25

如图 153，红先：

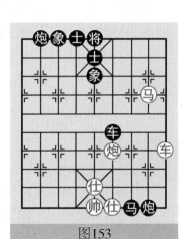

图153

1. 马二进三	车 6 退 4
2. 车一进六	士 5 退 6
3. 车一平四	将 5 进 1
4. 车四退一	将 5 退 1
5. 车四退四	将 5 进 1
6. 马三退四	将 5 退 1
7. 炮四平五	象 5 退 7
8. 马四进六	将 5 进 1
9. 车四进四	将 5 进 1
10. 马六退五	（红胜）

例26

如图 154，红先：

1. 炮九进七	士 4 进 5
2. 马七进八	士 5 退 4
3. 马八退六	士 4 进 5

棋 牌 娱 乐 指 南 QIPAIYULEZHINAN

4. 车三进一	士5退6
5. 车三平四	将5进1
6. 车四退一	将5进1
7. 炮九退二	炮4进1
8. 马六退八	炮4退1
9. 马八退六	炮4退2
10. 车四退一	（红胜）

例27

如图155，红先：

1. 炮九平五	将5平4	2. 马六进七	将4进1
3. 马七退五	将4退1	4. 车八平六	将4平5
5. 马五进六	士5进4	6. 马六退四	将5进1
7. 马四退五	象3进5	8. 马五进六	象5退7
9. 马六退五	象7进5	10. 马五进四	将5平6
11. 车六进三	士6进5	12. 车六平五	将6退1
13. 炮五平四	（红胜）		

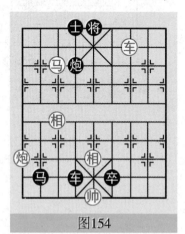

图154

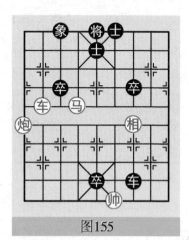

图155

98

例 28

如图 156，红先：

1. 车八进六	象 5 退 3
2. 车八平七	将 4 进 1
3. 马七进六	炮 6 平 4
4. 马六进五	炮 4 平 3
5. 马五退七	将 4 进 1
6. 马七退五	将 4 退 1
7. 车七退一	将 4 退 1
8. 马五进六	炮 3 平 4
9. 车七进一	将 4 进 1

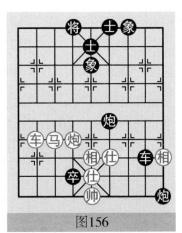

图156

10. 马六进八	炮 4 平 3	11. 车七退一	将 4 退 1
12. 车七退四	将 4 平 5	13. 炮六平五	士 5 进 6
14. 马八退六	将 5 进 1	15. 车七进四	将 5 进 1
16. 马六退五	（红胜）		

第十六节　车马炮兵成杀定式

例 1

如图 157，红先：

1. 马九进七	将 4 进 1	2. 兵六进一	士 5 进 4
3. 马七退八	将 4 退 1	4. 车五进五	将 4 平 5
5. 马八进七	（红胜）		

例2

如图158，红先：

1. 车三进一	象5退7	2. 马三进二	将6平5
3. 炮一平五	士5进4	4. 马二退四	将5平6
5. 炮五平四	（红胜）		

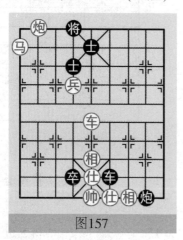

图157

图158

例3

如图159，红先：

1. 车四平六	炮5平4
2. 车六进三	士5进4
3. 炮五平六	将4平5
4. 马四进三	将5进1
5. 兵七平六	（红胜）

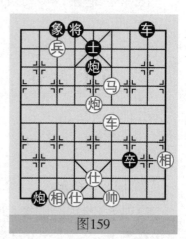

图159

例4

如图160，红先：

1. 车五进三	将4进1		
2. 马三进四	士6进5	3. 车五退一	士6退5
4. 马四退五	将4退1	5. 炮一进一	士5退6

6. 兵三平四　　　　（红胜）

例5

如图161，红先：

1. 兵四平五	士6进5	2. 车六平五	将5平4
3. 车五进一	将4进1	4. 车五平六	将4退1
5. 马三进四	将4进1	6. 炮三进四	（红胜）

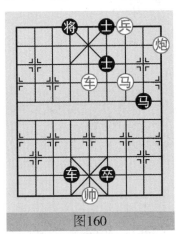

图160

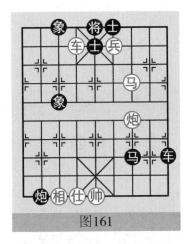

图161

例6

如图162，红先：

1. 车三进五　　　　士5退6

2. 炮二平五　　　　士6退5

3. 兵五进一　　　　将5进1

4. 车三退一　　　　将5退1

5. 马四进五　　　　士6进5

6. 车三进一　　　　（红胜）

例7

如图163，红先：

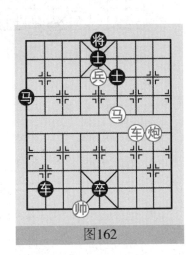

图162

1. 马二进三	将5平4	2. 兵七平六	将4进1
3. 炮二进四	士6退5	4. 车一平六	炮3平4
5. 车六进三	将4进1	6. 马三退四	（红胜）

例8

如图164，红先：

1. 兵四平五	将4退1	2. 车二平六	车4退6
3. 炮二进九	象7进5	4. 马七进五	象5退7
5. 马五退三	象7进5	6. 兵五进一	将4进1
7. 炮二退一	（红胜）		

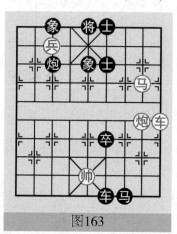

图163

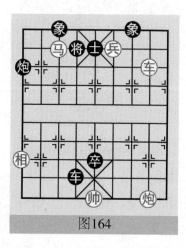

图164

例9

如图165，红先：

1. 马二进四	将5平4
2. 炮二进四	将4进1
3. 车五平六	将4进1
4. 炮二退二	马4退5
5. 兵五进一	将4退1
6. 兵五平六	将4退1

7. 炮二进二　　　　（红胜）

例 10

如图 166，红先：

1. 车八进二　　　　士 5 退 4

2. 兵四平五　　　　将 5 进 1

3. 马二退四　　　　将 5 退 1

4. 炮七进六　　　　士 4 进 5

5. 炮七退二　　　　士 5 退 4

6. 马四进六　　　　将 5 进 1

7. 车八退一　　　　（红胜）

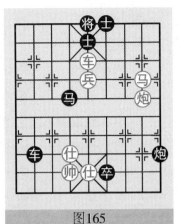

图165

例 11

如图 167，红先：

1. 炮九进五	士 4 进 5	2. 车八进五	士 5 退 4
3. 兵四平五	将 5 进 1	4. 车八退一	将 5 进 1
5. 马二进三	将 5 平 4	6. 马三退五	将 4 平 5
7. 马五进七	将 5 平 4	8. 车八平六	（红胜）

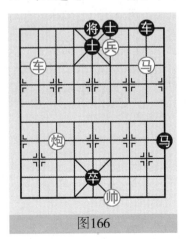

图166

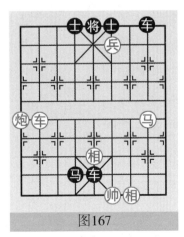

图167

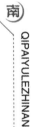

棋牌娱乐指南

QIPAIYULEZHINAN

例12

如图168，红先：

1. 兵四进一	炮4平6
2. 马二进三	炮6进1
3. 车二进五	士5退6
4. 车二平四	将5进1
5. 车四退一	将5退1
6. 车四平六	将5平6
7. 车六进一	将6进1
8. 马三退四	（红胜）

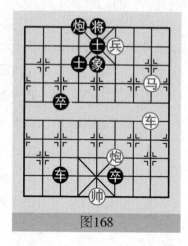

图168

例13

如图169，红先：

1. 马二进三	将5进1
2. 车八进七	车4退6
3. 炮四平二	将5平6
4. 车八平六	将6退1
5. 车六平五	前卒进1
6. 帅四进一	卒7进1
7. 帅四进一	卒5平6
8. 车五进一	将6进1
9. 炮二进四	（红胜）

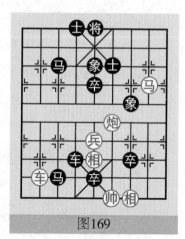

图169

第十七节　双车成杀定式

例1

如图170，红先：

1. 车五进四	将 5 平 6
2. 车五进一	将 6 进 1
3. 车七进二	士 4 进 5
4. 车七平五	将 6 进 1
5. 前车平四	（红胜）

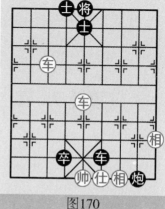

图170

例2

如图171，红先：

1. 车九平六	士 5 进 4
2. 车六进一	将 4 平 5
3. 车五进一	将 5 平 6
5. 车五进一	将 6 退 1

4. 车六进一	士 6 进 5
6. 车六进一	（红胜）

例3

如图172，红先：

1. 车二进五	象 5 退 7
3. 车三平四	将 5 进 1
5. 后车平五	士 4 进 5
7. 车四进一	（红胜）

2. 车二平三	士 5 退 6
4. 前车退一	将 5 退 1
6. 车五进四	将 5 平 4

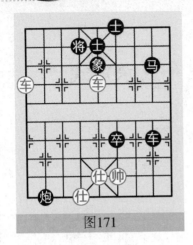

图171

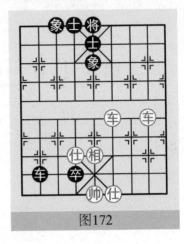

图172

第十八节　双车马炮成杀定式

例1

如图 173，红先：

1. 车七进五	士 5 退 4	2. 车七平六	将 5 进 1
3. 马六进七	将 5 平 6	4. 后车进六	士 6 进 5
5. 后车平五	将 6 进 1	6. 车六平四	（红胜）

例2

如图 174，红先：

1. 车六进五	炮 6 平 4	2. 车五进五	将 5 平 6
3. 车五进一	将 6 进 1	4. 车五平四	将 6 退 1
5. 马七进六	将 6 进 1	6. 炮八进三	（红胜）

象棋残局破解指南

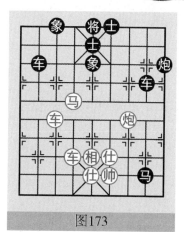

图173

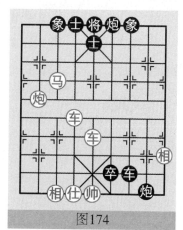

图174

例3

如图175，红先：

1. 马五进六	将5平4
2. 马六进八	将4进1
3. 前车平六	马3退4
4. 马八退七	将4退1
5. 车四进六	士5退6
6. 车六进二	（红胜）

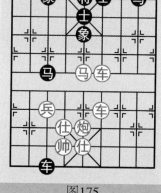

图175

例4

如图176，红先：

1. 车三平四	士5进6	2. 车八进六	士4进5
3. 车四平八	马7进6	4. 前车平五	将6退1
5. 车五进一	将6进1	6. 车八进二	马1退3
7. 车八平七	（红胜）		

例5

如图177，红先：

1. 车六进五	将5平4	2. 马四进六	将4平5

3. 马六进七　　　将5平4　　　4. 车四平六　　　将4平5

5. 车六退一　　　将5进1　　　6. 炮六平五　　　象5退3

7. 马七退五　　　（红胜）

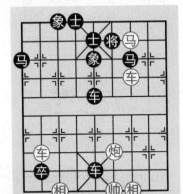

图176

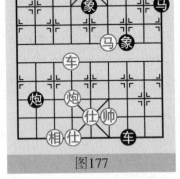

图177

例6

如图178，红先：

1. 车四平五　　　象3退5

2. 车五进二　　　士4进5

3. 车五进一　　　将5进1

4. 车三进二　　　将5退1

5. 马六进五　　　士6进5

6. 车三进一　　　（红胜）

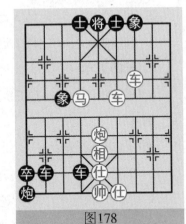

图178

例7

如图179，红先：

1. 车九平六　　　马3退4　　　2. 车六平五　　　将5平6

3. 车五进一　　　将6进1　　　4. 车五平四　　　将6退1

5. 马七进六　　　将6进1　　　6. 炮九进六　　　马4进2

7. 马六退五　　　将4进1　　　8. 马五退三　　　（红胜）

例8

如图180，红先：

1. 前车进一	士 5 退 4	2. 车六进四	将 5 进 1
3. 车六平五	将 5 平 6	4. 马五退三	将 6 进 1
5. 车五平四	将 6 平 5	6. 炮四平五	将 5 退 1
7. 车四退一	将 5 退 1	8. 马三进五	（红胜）

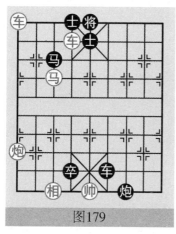

图179

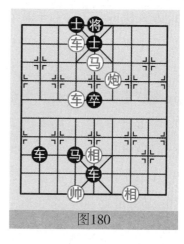

图180

祺牌娱乐指南

QIPAIYULEZHINAN

例9

如图181，红先：

1. 车一平四	炮 5 平 6
2. 车四进一	士 5 进 6
3. 炮五平四	将 6 平 5
4. 马八进七	将 5 进 1
5. 马七退六	将 5 退 1
6. 马六进四	将 5 进 1
7. 马四进三	将 5 退 1
8. 车七平五	士 4 进 5
9. 马三退四	将 5 平 4

10. 车五平六　　士 5 进 4

11. 车六进一　　（红胜）

例 10

如图 182，红先：

1. 车七进二　　士 5 退 4

2. 车七退一　　士 4 进 5

3. 车八进五　　士 5 退 4

4. 车七平五　　士 6 进 5

5. 车八退一　　象 5 退 3

6. 车八平五　　将 5 平 6

7. 车五进一　　将 6 进 1

8. 马四进五　　象 3 进 5

9. 车五平四　　将 6 平 5

10. 马五进七　　将 5 平 4

11. 车四平六　　（红胜）

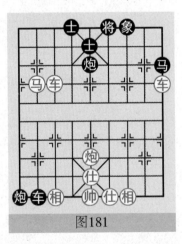

图181

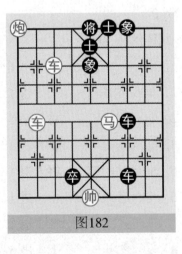

图182

例 11

如图 183，红先：

1. 车六进一	车 3 平 4
2. 马八进七	车 4 进 1
3. 车九进五	士 5 退 4
4. 车九平六	将 5 进 1
5. 车六退一	将 5 退 1
6. 车六平四	将 5 平 4
7. 马七退五	将 4 平 5
8. 马五进七	将 5 平 4
9. 马七退六	将 4 平 5
10. 炮六平五	将 5 平 4
11. 车四平六	将 4 进 1
12. 炮五平六	（红胜）

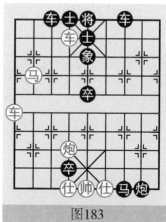

图183

例 12

如图 184，红先：

1. 炮八进九	象 5 退 3
2. 车七平五	将 5 进 1
3. 车六进三	将 5 退 1
4. 车六进一	将 5 进 1
5. 车六退一	将 5 进 1
6. 马五进六	将 5 平 6
7. 车六退一	象 3 进 5
8. 车六平五	炮 5 退 2
9. 炮八退二	炮 5 退 2

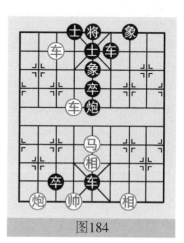

图184

10. 马六进七　　炮5进2

11. 马七进五　　炮5进5

12. 马五退七　　（红胜）

第三章　精妙残局战术指要

第一节　禁困战术

例1

如图185形势，马兵是不能取胜士象和双卒的，但此局黑方将位处于高处，且双卒为低卒不能遮挡将头，红方可以利用马控制将上、下移动，用帅配合使对方将不能活动，最后以兵制胜。

1. 马四进二　　……

进马于二路，这样限制了对方将向下移动。

1. ……　　　　　象5退3

2. 帅六平五　　……

进中帅配合马把黑方将定位于左翼顶角。

2. ……　　　　　卒3平4

3. 兵九进一　　　象3进1

4. 兵九平八　　　象3退5

5. 兵八进一　　　象5退7

黑方以象诱对方马吃掉，然后解脱禁困。

6. 兵八平七　　　……

不被对方的诱着迷惑，继续推兵前进，如贪走马二进三，将6退1，红方是极难取胜的。

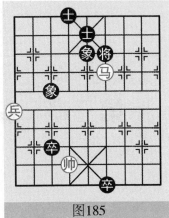

6. ……　　　　　象1进3

7. 兵七平六　　　象3退1

8. 兵六平五　　　卒4进1

9. 帅五进一　　　象1进3

10. 兵五平四

至此，红方以兵叫将取胜。

例2

如图186形势，通常双兵是不能取胜马士的，但黑方马位欠佳，红方可用兵制住马，从而谋取胜利。

1. 兵七进一　　　……

以七兵制住对方"大角马"是获胜的先决条件，如误走兵四平五，则马1进3，黑方足可谋和。

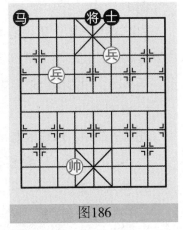

图185

1. ……　　　　　将5进1

如改走士6进5，则兵四进一，士5进6，帅六进一，士6退5，帅六平五，将5平4，兵四平五，黑方将马不能动，红方获胜。

2. 帅六进一　　　将5退1　　　3. 兵四进一　　　……

如误走兵四平五，则士6进5，帅六平五（如改走帅六退一，则

图186

象棋残局破解指南

士5退4，兵五平四，将5平6，黑方可抗争)，士5退6，帅五平四，将5平4，黑方足可抗争。

3. ……　　　　　士6进5　　　4. 帅六平五　　　将5平4

5. 兵四平五

至此，黑方马将受禁困，红胜。

例3

如图187形势，红方先行：

1. 兵三平四　　　……

平肋兵控制黑方将和炮是取胜的要着。一般情况下底炮是能够顶一个士的，且黑方河口车控制红方一路兵，并伏有卒7平8捉死兵，以及车5退3捉三兵，看似红方无法以车双兵攻车炮卒双象，但红方利用了禁困战术，一举制胜。

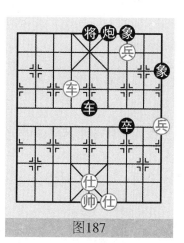

图187

1. ……　　　　　卒7进1

2. 车六进二　　　……

可改走兵一进一，则车5平9，车六平五，将5平4，仕五进四，黑方也是难应，但进车显得更加有力。

2. ……　　　　　卒7进1

3. 兵一进一　　　卒7平6

4. 帅五平六　　　卒6平5

5. 兵一平二　　　车5退2

6. 兵二进一　　　车5进2

7. 兵二进一　　　象9进7

8. 兵二平三　　　象7进9

9. 兵四进一　　　　将 5 平 6

10. 兵三进一　　　　将 6 平 5

11. 兵三平四

绝杀，红胜。

红方从第 2 着进车将黑方中车底炮禁困，接着推进另一高兵是获胜的佳着。

例 4

如图 188 形势，红方先行：

1. 兵一进一　　　　……

此着意在抢先入局。

1. ……　　　　　　卒 3 进 1

因为黑方改走其他着法，都是无效之着，试举一例，车 5 平 3，则车三进四，将 6 退 1，车三退三，车 3 进 3，仕五退六，马 6 进 4，帅五进一，黑方难解双重杀速致败局。

2. 兵一进一　　　　卒 3 进 1

3. 兵一平二　　　　卒 3 进 1

4. 兵二进一　　　　卒 3 平 4

5. 兵二进一　　　　车 5 平 3

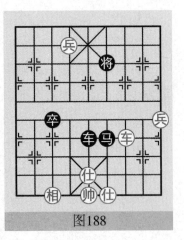

图188

这是实战着法，如改走卒 4 进 1（如卒 4 平 5，则仕四进五，车 5 进 2，帅五平四，车 5 退 2，兵二平三，黑方无解），则帅五平六，车 5 平 4，仕五进六！车 4 进 1，帅六平五，红方获得胜利。

6. 车三进四　　　　将 6 退 1

7. 兵二平三　　　　将 6 退 1

8. 车三平四　　　　……

极为重要的"顿挫"，如误走兵三进一，则将 6 进 1，黑方反败为胜。

8. ……　　　　将 6 平 5　　9. 车四平五　　　　将 5 平 6

10. 兵三进一　　　将 6 进 1　　11. 兵六平五

至此，红方抢先入局杀。

例 5

如图 189 形势，是一局古典残棋，现轮到红方先行：

1. 炮三进四　　　　……

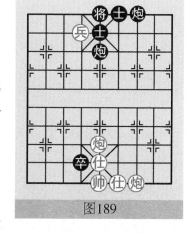

图189

红方进河口炮是获胜的关键着法。如改走炮三进八，则炮 5 进 4，兵六平七，将 5 平 4，兵七平六，将 4 平 5，兵六平七，形成和棋。

1. ……　　　　　炮 7 进 1

如改走卒 4 平 3，则帅五平六，绝杀，又如黑方炮 5 进 3，则炮三进三，黑方进几步炮，红方同样也进几步炮。

2. 炮五进一　　　炮 5 进 2

3. 炮三进二　　　……

红黑双方展开步数之争：你进中路炮我进三路炮，你进 7 路炮，我进中炮。

3. ……　　　　　炮 7 进 1

4. 炮五进一　　　炮 5 退 1

5. 炮五进一　　　……

如果两炮间无格数，要采取进炮逼进手段。

5. ……　　　　　　炮 5 退 1

6. 炮五进一　　　　炮 7 退 1

7. 炮三进一　　　　炮 7 退 1

8. 炮三进一　　　　卒 4 平 3

9. 帅五平六　　　　卒 3 平 2

10. 兵六进一

至此，红方以"铁门栓"形成最后杀棋。

第二节　破卫战术

如图 190 形势，双方兵种及子力都相同，看似红方很难有作为，但红方利用先行之利，采用破卫伏抽法一举获得胜利。

1. 马三进五　　　　……

以牺牲子力破坏对方防守的要子，称为弃子破卫。

1. ……　　　　　　象 7 进 5

如改走士 5 进 4（如误走马 7 进 9，则马五进三，将 5 平 4，车三平六，士 5 进 4，车六进二红方速胜），则马五进三，将 5 平 4（如改走将 5 进 1，则炮一进六形成"马后炮"杀棋），炮一平六，士 4 退 5，车三平六杀。

2. 炮一进七　　　　象 5 退 7

3. 车三进四　　　　士 5 退 4

4. 车三退六　　　　将 5 进 1

如改走士 6 进 5，则车三进六，士 5 退 6，炮一平四，车 2 进 4，

炮四平六，将 5 进 1，兵七进一，车 2
平 3，兵七进一，车 3 进 4，炮六平八
形成绝杀。

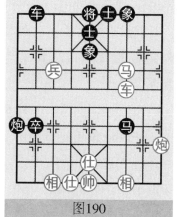

图190

5. 车三进五　　　　将 5 进 1

6. 兵七平六　　　　车 2 进 3

7. 车三退一　　　　将 5 退 1

8. 兵六进一　　　　将 5 平 6

9. 兵六平五　　　　士 6 进 5

10. 车三进一　　　　将 6 退 1

11. 炮一平六　　　　……

是弃炮破士迅速入局的好棋。

11. ……　　　　　士 5 退 4

12. 兵五平四　　　　将 6 平 5

13. 兵四进一　　　　士 4 进 5

14. 车三进一　　　　士 5 退 6

15. 车三平四

至此，红方以"单撒耳"杀式入局。

例 2

如图 191 形势，双方都是车炮兵士象全，但红方先行，可以利
用破卫伏杀手段一举获胜。

1. 兵四平五　　　　……

以兵吃士是获势的关键，如改走炮二进四伏杀，则象 5 进 3，红
方无法取胜。

1. ……　　　　　将 5 进 1

如改走士 6 进 5，则炮二进四速胜。

2. 车四进六　　　　将 5 退 1

3. 炮二进四　　　……

此时进炮伏杀，它和第 2 着进车，先叫将相呼应，达到了车炮效应的发挥。

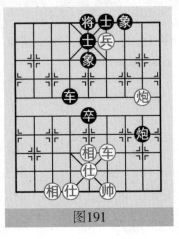

图191

3. ……　　　　将 5 平 4

如改走象 5 进 3 解杀，则车四进一，将 5 进 1，车四平五，将 5 平 4，车五平六，将 4 平 5，车六退四吃车。

4. 车四进一　　　将 4 进 1

5. 车四平六　　　将 4 平 5

6. 车六退四

至此，黑方失车败局已定。此局红方以兵作为破坏对方防守的子力，使车炮处于有效攻击部位，做到伏杀攻势，迫使对方解杀失车。

例 3

如图 192 形势，红方先行：

1. 兵六进一　　　……

弃兵吃士是好棋，因为红方少双相，如改走炮八平五，则炮 6 平 3，红方很难成和。

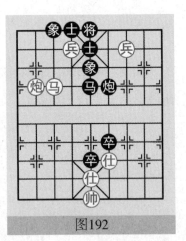

图192

1. ……　　　　将 5 平 6

如改走士 5 退 4，则炮八平五打马叫将，黑方也是失马速败。

2. 炮八进三　　　士 5 退 4

如误走炮 6 平 3，则兵六平五叫将

速胜。

3. 马七进六　　　将 6 平 5

4. 马六退五　　　将 5 进 1

如改走卒 6 平 5，则兵三平四，红方以兵禁困黑方将位，红方取胜速度增快。

5. 马五退六　　　卒 5 平 6

6. 仕五进四　　　卒 6 进 1

7. 马六进四　　　炮 6 退 3

8. 马四进六　　　将 5 平 4

如改走将 5 退 1，则兵三平四，红方速胜。

9. 炮八退八　　　士 4 进 5

10. 炮八平六　　　士 5 进 4

11. 马六进八　　　将 4 平 5

12. 马八进七　　　将 5 退 1

13. 马七退九

至此，红方吃象胜定。

例 4

如图 193 形势，红方车兵双相难以守和车马攻击的，但红方可以利用先行之利，采用破卫牵制战术一举成为均势。

1. 兵四进一　　　……

弃兵吃士意在通车牵制住黑方车马，使其失去胜势，如改走相七进九，则车 4 进 1，帅四进一，车 4 平 5，相九进七，马 4 退 5，红方难解黑方马 5 进 7 杀。

1. ……　　　　　士 5 退 6

2. 车三平六　　　……

如果黑方第 2 着改走将 5 平 4，则车二平五，黑方败局。

2. ……　　　　　　车 4 进 1

3. 帅四进一　　　　马 4 进 2

4. 车六退八　　　　马 2 进 4

5. 帅四退一

至此，黑方单马不胜双相，双方和棋。

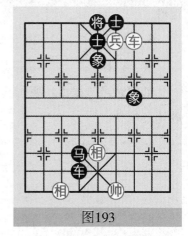

图193

例5

如图 194 形势，红方先行：

1. 兵四平五　　　　……

弃兵吃士意在破坏黑方顽固防守，为车炮攻击谋子做必要的准备，如改走炮二进三，则将 4 进 1，红方难以取胜。

1. ……　　　　　　士 6 进 5

如贪走车 4 平 8，则车四进五杀。

2. 炮二进三　　　　将 4 进 1

如改走士 5 退 6，则车四进五，将 4 进 1，车四平六，将 4 进 1，车六退三，红方吃车胜定。

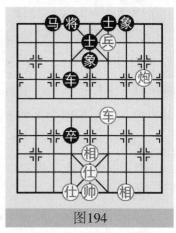

图194

3. 炮二平七

至此，形成了车炮仕相全必胜车卒残士的残局。此局红方以弱子兵换取马和士，达到了谋子目的，是取胜的关键。

第三节 借帅战术

例1

如图195形势，一般来讲，车炮双士是能够守和车马攻击的，但此局红方先行可以利用帅助攻取胜。

1. 相五进七 ……

飞相拦车，将己方帅"露脸"伏杀，是残棋惯用的手法，如改走马四进五，则车1平6，红方无法取胜。

1. …… 将5平6

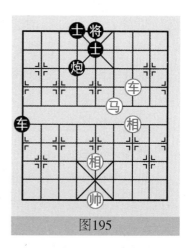

图195

如改走炮4平6（如改走炮4平5，则马四进五吃炮，形成车马有相必胜车双士残局），车三进三，炮6退2，马四进六（中初级棋手极易犯的错误是马四进五，则士5进6，车三平四，将5进1，车四退二，车1退3，红方车马受牵制，红方取胜困难），伏双重杀，即马六进七"卧槽马"和马六进四"大角马"杀局，黑方速败。

2. 车三进三 ……

在中、初级棋手实战中，出现过马四进三，将6进1，马三进二，将6退1（如将6进1，则车三平四杀），车三进三，将6进1，车三平六，将6进1，车六退一（如车六平五，则车1进4，帅五进一，车1平8，红方不能取胜），车1进4，帅五进一，车1平8捉死马，双方和棋。

　　2. ……　　　　　　　将6进1

　　3. 车三退一　　　　　……

切记不能以"侧面虎"杀法，即马四退二，车1退2，马二进三，车1平7，车三退三，炮4平6，形成和棋定式。

　　3. ……　　　　　　　将6退1

如误走将6进1，则马四进六杀。

　　4. 马四进三　　　　　……

车后藏马成典型的"列马车"杀式，此杀法实战性极强。

　　4. ……　　　　　　　士5进6

如改走将6平5，则车三进一杀。

　　5. 车三进一　　　　　将6进1

　　6. 车三平四

至此，转换成"高吊马"杀式，黑方败局。

例2

如图196形势，红方炮兵无仕相通常是不能胜黑方士象全的，但此局红方以精妙的残局战术获胜。

　　1. 炮八平五　　　　　……

平中炮控制黑方双士将的活动，为帅助攻做必要的准备工作，此局是古典残局。

　　1. ……　　　　　　　象1进3

　　2. 炮五进三　　　　　象3进1

　　3. 帅六平五　　　　　象1退3

　　4. 帅五平四　　　　　象3进1

　　5. 炮五平二　　　　　……

红方调帅于右翼配合四路兵，就是要形成炮兵有帅助攻的杀棋，逼黑方补左士解杀。

5. …… 士6进5

如误走象3退5，则炮二进六，士6进5，兵四进一杀。

6. 帅四平五 ……

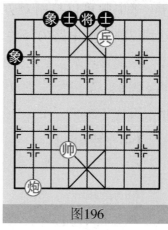

图196

平中帅限制黑方将士的活动，达到了转换限制的目的，从而能调动炮攻击对方。

6. …… 象1退3

如改走象3退5，则炮二平五，下着伏帅五平四形成"铁门栓"杀棋。

7. 炮二平七 ……

因为黑方只有移动象于左翼，所以红方调炮到七路线，意在禁困黑象的活动。

7. …… 象3退1

如改走象1进3，也是炮七进一，殊途同归。

8. 炮七进一 象3进5

如改走象1进3，则炮七进五"闷宫"杀。

9. 炮七平五 象1进3

10. 帅五平四 象3退1

11. 兵四进一

至此，红方以"铁门栓"杀法获胜。

例3

如图197形势，红方利用马兵攻马双士通常是不能取胜的，但此局红方利用先行之利，巧妙利用帅助攻而胜。

1. 帅六平五 ……

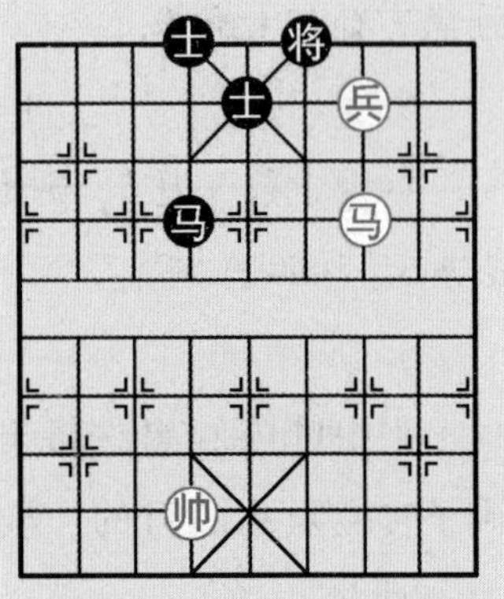

平中帅可以控制对方士的活动，达到以帅控制中路的目的，从而有助于马兵配合攻杀。至此，黑方主要有：马4进6，马4进5，马4退6三种应法。现分述如下：

图197

【第一种着法】

1. ……　　　　　　马4进6

2. 兵三进一　　　　……

如改走兵三平四，则将6平5，虽能取胜但不紧凑。

2. ……　　　　　　将6平5

3. 马三进一　　　　马6退5

如误走马6退8，则帅五进一，黑方只有走马，红方马一进三杀。

4. 帅五进一　　　　士5进6

如误走马5进4，则马一进三杀。

5. 马一进三　　　　将5进1

6. 马三退五　　　　将5平4

7. 马五退七　　　　将4进1

8. 兵三平四　　　　士4进5

9. 兵四平五　　　　士5退4

10. 兵五平六

至此，形成了马胜单士的"例胜"残局。如在此局形势下，有底兵助攻吃士更容易获胜。

【第二种着法】

1. ……　　　　　　马4进5

2. 兵三平四　　　将6平5

3. 马三退五　　　马5退3

4. 马五进四　　　马3退5

如改走马3进5（如改走马3进4，则帅五退一！马4进6，帅五进一，马6退5，殊途同归），兵四平五，将5进1，马四退六叫将捉马，红方单马胜单士。

5. 兵四平五　　　将5进1

如走将5平6，则马四进二杀。

6. 马四退三

至此，红方捉死马，形成单马必胜单士残局。

【第三种着法】

1. ……　　　　　马4退6

2. 帅五进一　　　将6平5

3. 马三进一　　　马6进5

4. 兵三进一　　　士5进6

5. 马一退三

至此，由于黑方防守有误，被红方吃马而胜。

例4

如图198形势，一般情况下，车炮兵（单相）是不能胜车马士象全的，但此局红方利用帅助攻谋马而巧胜。

1. 帅五平六　　　……

出帅叫杀是获胜的关键着法，如误走车六进四，则车8进4，红方无法取胜。

1. ……　　　　　马2进3

2. 车六进四　　　车8进9

3. 帅六进一　　　车8平2

4. 车六平七　　　车 2 退 9

5. 车七平六　　　车 2 平 1

6. 兵五平四　　　车 1 平 2

7. 兵四进一　　　车 2 平 1

8. 兵四进一　　　象 7 进 9

9. 兵四进一　　　……

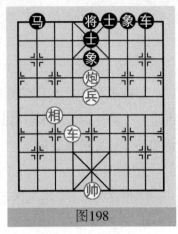

图198

如误走车六平五，则车 1 平 4，帅六平五，车 4 进 2 兑死车形成和棋。

9. ……　　　　　象 9 进 7

10. 车六进一　　　车 1 平 2

11. 炮五退五　　　象 7 退 9

如改走车 2 平 1，则炮五平二，士 5 退 4，炮二进八，士 6 进 5，兵四平五，士 4 进 5（如改走将 5 平 6，则兵五平四，将 6 平 5，炮二平六，红方速败），炮二平九吃车，红胜。

12. 炮五平二　　　象 9 退 7

13. 炮二进八　　　士 5 进 6

14. 兵四进一

至此，红方获胜。

第四节　捉子战术

例 1

如图 199 形势，红方车马是不能取胜车炮士象全的，但此局红方可利用先行之利，巧妙采用叫将捉子战术获得胜利。

1. 车八进五 ……

进车叫将是获得胜势的最佳着法，红方极易犯的错误是车八平六，将4平5，马七进九，士5进6，马九进七，将5进1，红方无法取胜，因为虽然有攻势，但未击中要害。

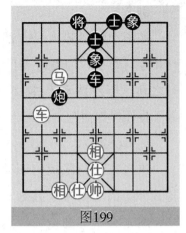

图199

1. …… 象5退3

2. 马七进八 将4进1

如改走将4平5，则车八平七，士5退4，马八进六，红方速胜。

3. 车八平七 车5平2

因为红方伏有车七退一，将4退1，车七平五，典型的"列马车"杀法，黑方只有平车捉马解杀。

4. 车七退一 ……

千万不能马八退七，因为黑方有车2平3，车七退三，象7进5，黑方虽然以车换马失子，但获得了炮双士象定和单车局面，双方处于均势和局。

4. …… 将4退1

5. 车七平五 炮3退3

如改走车2退2，则车五平八，形成单车定胜单炮残士残象局面。

6. 车五平七 将4平5

7. 车七进一 将5进1

8. 马八退六

至此，红方马已解除牵制，形成车马定胜车单象单士残局。

祺 牌 娱 乐 指 南

QIPAIYULEZHINAN

例2

如图200形势，双方都是车炮兵仕相全，处于"均势"，但红方利用先行之利，巧妙调动车炮帅三子配合，终于捉死黑炮而胜。

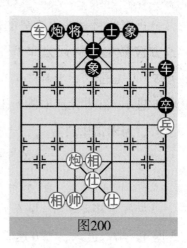

图200

1. 炮六进六　　……

进炮塞住象眼捉炮叫杀，红方弈得精妙，因为黑方3路炮只有中象防守，红方利用帅的威力，达到了捉子目的。

1. ……　　　　士5进4

对于黑方来说是不情愿将4平5的，因为红方可以车八平七，士5退4，车七退三！卒9进1，炮六平九，黑方必失士而败势。这是车炮有兵必胜车士象全的定式。

2. 炮六平九　　……

如改走车八平七，则将4进1，车七平四，虽然红方也吃士，但无有效子力助攻，所以谋子多指谋强子（或防守的要子），从而达到取胜的目的。

2. ……　　　　将4平5

如改走车9进1（如士6进5，则炮九进一），则炮九进一，红方必吃炮。

3. 炮九进一　　……

进炮拴链住对方的炮，是吃子的惯用攻法，一般来讲对方将位不好，红方以底线车拴链住对方子力，利用炮牵制攻击，往往能吃子。红方第2着平边炮使黑方必失炮，因为黑方9路车位置欠佳，不能阻挡或捉拿。

棋牌娱乐指南

3. ……　　　　　炮 3 平 4

如改走将 5 进 1，则车八退一，炮 3 进 1，车八平七吃炮还必吃士，黑方更速败。

4. 炮九平六　　　将 5 进 1

5. 车八退二

至此，红方退车又捉士，红方必败局。此局红方巧妙的捉子技巧值得借鉴。

例 3

如图 201 形势，红方先行：

1. 车三进三　　　……

以二路车控制黑方 8 路马，以三路车捉边卒，然后双车围攻黑方单马，做到了以强车攻马谋子，如改走车三进四，则炮 6 退 2，车三平一，士 5 进6，车一退五，马 8 退 6，黑方"马归家"，红方很难取胜。

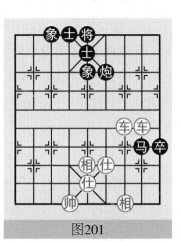

图201

1. ……　　　　　炮 6 退 2

2. 车三平一　　　马 8 进 7

如改走炮 6 进 6，则车一退一，士 5 退 6，车一平四，炮 6 平 2，车四平六，士 4 进 5，车六进二，黑方速败。

3. 车一退四　　　士 5 进 6

4. 车二进五　　　……

注意：黑方"马归家"，因为双车难胜马炮士象全（指马炮位置不易受双车攻击）。

4. ……　　　　　士 4 进 5

5. 车一平三　　　马 7 进 9

6. 车二退九

至此，黑方马被捉死，红方获胜。

例4

如图202形势，红方车炮兵对黑方车马卒，双方仕相全，并且黑方伏有抽杀，看似红方不能取胜，但红方利用黑方6路将的隐伏弱点突发妙手，获得突破，赢得了胜势。

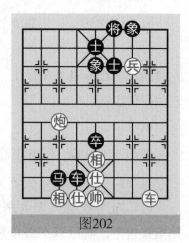

图202

1. 炮七平四　　……

平炮叫将意在退炮捉双得子，妙招！如误走帅五平四，则车4退3，帅四进一，卒5进1，相七进五，马3退5，红方必失炮而处败势。

1. ……	将6平5
2. 炮四退三	车4退4
3. 炮四平七	车4进4
4. 炮七进三	卒5进1
5. 炮七平一	

至此，红方车炮兵有仕相定胜车卒士象全，红方以炮攻车马必吃子，此手法在中残局中常见。

例5

如图203形势，红方先行：

1. 车七平三　　……

当黑方马捉双子时，给优势方出了难题，如果按子力价值交换，将形成单车不能胜马士象全（注：单车也和士象全）的残局，那么如何获得胜势呢？经分析，单车攻马炮或双炮，都有机会取胜。也就是说，在弈棋中只要有机可乘，那就设法谋胜。此着捉象弃炮，就是利用反被捉子法所采取的谋胜攻着，如果没有此手，将成和棋。

　　1. ……　　　　　马2退1

吃炮是必然着法，如改走象7进5，则炮九平五，绝杀。

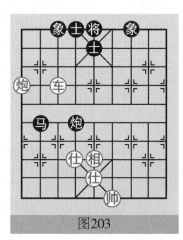

图203

　　2. 车三进三　　　士5退6

　　3. 车三平四　　　将5进1

　　4. 车四平六　　　炮4平5

　　如改走炮4退4，则车六平七，炮4进1，车七退一，将5退1（如误走炮4退1，则车七退二捉马伏杀，黑方失马立败），车七退二，马1进2（此着当然不能走马1退2，为什么呢？因为红方伏有车七平五，再平八吃死马的先手），车七进一，炮4退1（如改走炮4进2，红方用车捉马离开保炮位置，可伏有叫将吃炮），车七平五！炮4平5，车五平八，至此，黑方必失马败局。

　　5. 车六平七　　　　……

　　在残局阶段，弱势方的每个子力都是防守的物质力量，要切记如果没有绝杀或谋得防守要子，千万要消灭一切有碍攻击的力量，其中包括卒及士象，否则后患无穷。此时如果急走车六退三捉马伏抽炮，黑方则马1进3（护住中路不让叫将），车六平七，象3进5，黑方三子都有保护，形成了堡垒防守，红方将无法取胜。

　　5. ……　　　　　炮5退3

　　6. 车七退一　　　将5退1

　　7. 相五退七　　　马1进2

8. 车七退四　　　……

利用有效子力攻击对方防守子力时，要注意首先将被攻击的子力控制于一侧（或几个点），缩小其活动范围，减弱其防守。此时黑方退马欲运回护炮，但红方已先行退车捉马迫使其归边，黑方不能有效防守了。

8. ……　　　　　马2退1

9. 仕五退六　　　将5进1

10. 车七进四　　　将5退1

11. 帅四平五　　　将5平6

12. 车七退二　　　马1进2

13. 车七进一　　　炮5退1

如改走马2退4，则车七平六捉马，黑方必失一子。

14. 车七进二　　　将6进1

15. 车七退一

至此，黑方必失炮败局。因为单车不能定胜马炮，所以，在这里介绍了当对方炮未能归位时，用车控制马而获胜的技巧。

第五节　弃子战术

例1

如图204形势，红方先行：

1. 车七进三　　　……

弃车吃象意在发挥中帅和马兵效应以谋取攻势，如改走车七平九，则车7进2，帅五进一，车7平2，红方不能取胜。

1. ……　　　　　　象 5 退 3

如改走士 5 退 4，则车七平六，将 5 进 1，兵六平五，将 5 平 6，兵五平四，将 6 进 1，车六平四杀。

2. 兵六进一　　　　车 7 进 2

3. 帅五进一　　　　马 1 进 2

4. 兵六进一

至此，红方以马兵配合形成杀局。

例 2

如图 205 形势，红方先行：

1. 炮一进三　　　　……

弃炮叫将逼黑方 9 路车回防，使其失去双车伏杀，并为六路马进攻做必要的准备，如果没有此弃炮妙手，红方难解黑方车 3 平 6 的杀势。

1. ……　　　　　　车 9 退 6

如误走士 5 退 4（如误走象 7 进 9，则车四进三杀），则车四进三，将 5 进 1，车四退一杀。

2. 马六进八　　　　……

红方弃炮，就是为了此着进马伏杀。

2. ……　　　　　　士 5 进 6

如改走卒 5 进 1（如误走士 5 进 4，则马八进七，将 5 进 1，车四进二杀），帅四进一！车 9 进 8，帅四进一，黑方也要败局。

3. 马八进七　　　　将 5 进 1

4. 车四进一　　　　车 9 进 1

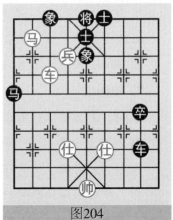

图204

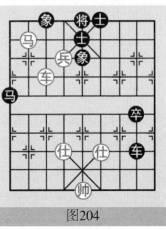

图205

祺牌娱乐指南

QIPAIYULEZHINAN

5. 车四进二　　　　卒 5 进 1

如改走卒 5 平 6，则帅四进一，黑方同样败局。

6. 帅四进一　　　　车 3 进 2

7. 帅四进一

至此，黑方难解红方车四平五的杀着，红方获胜。

例3

如图 206 形势，黑方子力占优，且伏有攻势。红方如何利用先行之利，达到控制局势的目的呢？请看：

1. 马五进六　　　　……

弃马吃士是获得胜利的紧要之着，如误走兵七平六（此着是伏杀着，也是假杀棋，因为黑方有解着），马 9 进 7，红方处于败局。

1. ……　　　　　　士 5 进 4

如改走将 5 平 4，则马六退七，卒 4 进 1（如象 5 进 3，则车四平六，将 4 平 5，车六退三，马 9 进 8，相五进三，红方锁定胜局），马七退六，黑方无有杀着，红方形成胜局。

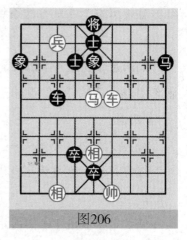

图206

2. 车四进四　　　　将 5 进 1

3. 车四退一　　　　将 5 退 1

4. 兵七平六　　　　车 3 平 6

如改走卒 5 进 1（如士 4 退 5，则车四平五杀局），则帅四进一（如误走帅四平五，则马 9 进 7，红方败局），车 3 进 4，帅四进一，卒 4 平 5，相七进五，红方获胜。

5. 车四退三　　　　士 4 退 5

6. 车四进三　　　　马 9 进 7

7. 车四平五

至此，红方车兵配合形成杀局。

例 4

如图 207 形势，红方先行：

1. 兵三平四 ⋯⋯

弃兵捉车是好棋，如改走兵三进一，则车 6 进 3（如误走车 6 平 7，则车五进二，红方必得大子），炮八进三，象 5 退 3，车五平七，车 6 平 2，红方不易取胜。

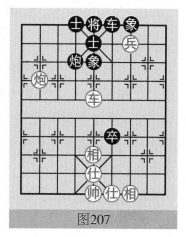

图207

1. ⋯⋯ 车 6 进 1

2. 车五进二 炮 4 平 2

如改走将 5 平 6，则炮八进三杀。

3. 车五平八 车 6 进 2

4. 炮八退四 士 5 退 6

黑方退士也是顽强的应手，因为红方有闪击捉象的伏着。

5. 车八平三 车 6 平 2

6. 炮八平六 士 4 进 5

7. 车三进二

至此，形成红方车炮仕相全定胜车卒双士局面。此局红方虎口献兵捉车，获得了车炮配合攻击，迫使黑方失炮解杀，从而赢得了胜势。否则双方子力均等，和棋气势很浓。

例 5

如图 208 形势，红方先行：

1. 仕五进四 ⋯⋯

每当对方以车控制肋道攻势时，往往支仕能够阻击对方攻势。

如果改走仕五进六，则卒 3 平 4，红方无解。

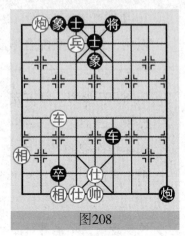

图208

　　1. ……　　　　　车 6 进 1

　　2. 帅五进一　　　……

　　如急走兵六平五，则卒 3 平 4，红方无解。

　　2. ……　　　　　车 6 进 1

　　3. 帅五进一　　　将 6 进 1

红方第 2 着走车七平一是极易犯的错误，因为黑方伏有卒 3 平 4，车一退四，车 6 平 5，仕六进五，车 5 进 1 杀。

　　4. 车七平一　　　炮 9 平 5

　　5. 炮八退一　　　卒 3 平 4

　　6. 帅五平六　　　卒 4 平 5

　　7. 仕六进五　　　车 6 退 2

　　8. 帅六退一　　　车 6 平 4

　　9. 仕五进六　　　车 6 退 5

　　10. 车一平四

至此，红方照将杀，黑方败局。

例 6

如图 209 形势，红方先行：

　　1. 马五进七　　　……

　　如改走车八平六（此着是极易犯的错误），则将 4 平 5，马五退三（如改走马五进四，则士 5 进 6，红方无后续攻着而败北），士 5 进 6，马三进四，炮 6 进 1，红方无有效攻着，黑方获胜。

　　1. ……　　　　　车 3 退 6

象棋 残局破解指南

2. 车八平六 ⋯⋯

红方第 1 着弃马叫将，就是为了此着再弃车吃马，充分发挥中炮威力，达到有效攻势，此杀法很有实用价值。

2. ⋯⋯ 　　　　　将 4 进 1

3. 炮五平六

至此，红方只有一炮便成杀局。在实战局中，要借用车八平六妙献车的作用成杀。

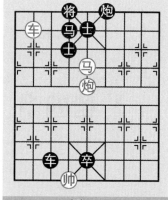

图209

第四章　　残局妙手精选

第一节　　入局妙手类

▶ 一、运子妙手

第1局　抢夺中路

图233是1983年全国团体赛上海胡荣华对安徽蒋志梁弈成的残局。现在轮红方走棋：

1. 马九退八　　　……

以退为进，运马调位！抢夺中路。

1. ……　　　　炮9进1

2. 马八进七　　　炮5平3

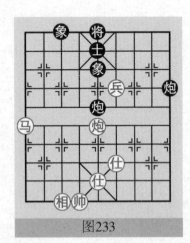

图233

3. 兵四进一　　　　炮9退1

4. 马七进五　　　　……

进马妙手！黑如接走士5进6，则马五进四，将5平6，马四进二抽炮，红胜定。

4. ……	炮9平4	5. 兵四进一	炮3退2
6. 马五进六	将5平4	7. 兵四平五	象3进1
8. 相七进五	象1退3	9. 帅六平五	象3进1
10. 炮五平六	象1退3		

丢象失着。但如改走象1进3，则马六进七，炮4平5，马七退九，炮3退1，马九退七，亦红胜。

| 11. 马六进七 | 炮4平5 | 12. 马七退六 | （红胜） |

第2局　海底捞月

图234是1980年全国预赛浙江于幼华对黑龙江王嘉良弈成的残局。现在由黑方走棋：

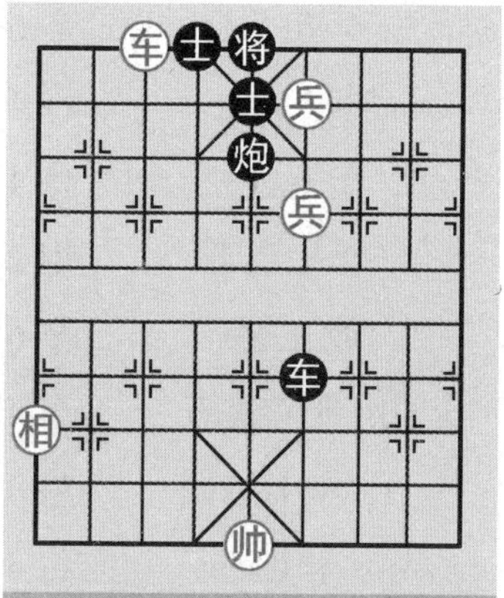

图234

1. ……	车6退3		
2. 兵四平五	将5进1		
3. 车七平六	车6进4		

捉相紧要之着，争抢先手。

4. 相九进七	车6退2		
5. 相七退九	车6平5	6. 帅五平六	炮5平2
7. 车六退一	将5退1	8. 车六退六	炮2进4

进炮兵线塞相眼，是获胜的绝妙之着。

| 9. 车六进七 | 将5进1 | 10. 车六退一 | 将5退1 |
| 11. 车六退五 | 炮2进3 | 12. 相九进七 | 车5进4 |

13. 帅六进一　　炮2平4　　14. 车六平四　　车5退4

15. 相七退五　　车5进2

黑方巧用"海底捞月"杀法，掠相占中车胜定。

第3局　进炮伏杀

图235是1987年第六届全运会决赛黑龙江王嘉良对广东吕钦弈成的残局。现在由黑方走棋：

1. ……　　　　卒6进1

2. 车八退五　　炮5退1

3. 车八进一　　炮5进1

4. 车八平五　　炮5平2

5. 车五平七　　卒6进1

6. 车七进三　　将4退1

7. 车七进一　　将4进1

8. 车七退五　　炮2退3

9. 帅五退一　　卒6进1

10. 仕六进五　　车4进1

11. 车七进四　　将4退1

12. 车七进一　　将4进1

13. 车七退七　　炮2进6

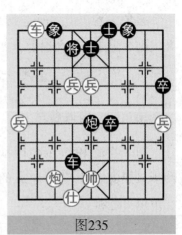

图235

进炮妙手！伏平车杀仕而入局。

14. 仕五退六　　卒6进1！

弃卒杀，妙用"引离"战术，伏车4进1杀。

第4局　炮拴车马

图236是1984年第三届"三楚杯"赛湖北柳大华对上海徐天利

弈成的残局。现在轮红方走棋：

1. 帅四平五　　　车2平1

红进帅老练。黑如改走车2平8，
则炮二平四！马6退8，仕五退六，车
8进2，炮四退一，马8进7，仕四退
五，车8平6，兵七进一，红方胜定。

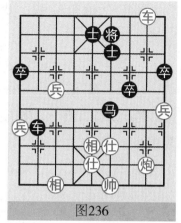

图236

2. 炮二平四　　　马6进4

3. 兵七平六　　　车1退1

4. 车二退六　　　车1平4

5. 兵六平五　　　士5进4

6. 兵五进一　　　将6平5

7. 兵五进一　　　……

冲兵叫将，伏车二平五杀，乘机掠士奠定胜局。

7. ……	将5平4	8. 兵五平四	马4退2
9. 车二进五	将4退1	10. 兵四进一	车4平9
11. 仕五退四	车9平4	12. 炮四平二	将4进1
13. 车二进一	马2进4	14. 炮二平六	……

平炮打车弃仕，巧施牵制，是获胜的妙手。

14. ……　　　　马4退6

如改走马4进3，则车二退八，再飞相借帅助杀。

15. 炮六退一	马6退4	16. 车二平五	车4进3

17. 相五进七　　　黑方车马被牵制，红胜。

第5局　兑抢空头

图237是1986年1月2日在深圳的电视快棋赛，香港徐耀荣对
广东吕钦弈成的中残局。现在由黑方走棋：

1. ……   车 2 平 5

平车兑炮抢空头，妙手！步入佳境。

2. 炮五退三   炮 7 平 5

3. 马二进三   ……

如改走帅五进一，则卒 7 进 1，也黑优。

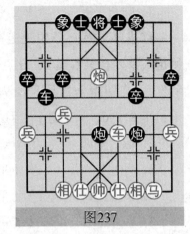

图237

3. ……   炮 5 退 1

4. 车四进一   卒 1 进 1

5. 帅五进一   卒 1 进 1

黑连冲边卒，伏炮 5 平 1 抽车，乃精妙之着。

6. 帅五平四   士 4 进 5

7. 兵七进一   ……

如改走兵九进一，则炮 5 平 1，兵七进一，炮 1 退 3，黑方胜势。

7. ……   卒 3 进 1   8. 兵九进一   卒 3 进 1

9. 马三进二   卒 3 平 4   10. 马二进一   象 3 进 5

11. 马一退二   车 5 平 4   12. 马二退四   卒 7 进 1

13. 车四进二   卒 7 进 1

红方超时，黑胜。

第 6 局　连手伏杀

图 238 是 1988 年第五届"亚洲杯"赛中国赵国荣对菲律宾蔡文钩弈成的中残局。现在轮红方走棋：

1. 车四进五   ……

进车凶着，伏杀士连杀的妙手！精彩异常。

1. ……   炮 5 平 6

2. 车四平五　　　士6进5

3. 车二平五　　　将5平6

如改走将5平4，则有车五平六！再兵七进一弃车妙杀。

4. 车五进一　　　将6进1

5. 车五平三　　　车4退3

6. 车三退六　　　炮6退3

7. 兵七平六　　　车4平5

8. 车三进五　　　将6退1

9. 兵六平五

红胜。

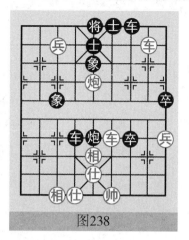

图238

▶ **二、献兵（卒）妙手**

第1局　献卒入局

图239是1974年全国个人赛（预赛）北京孙跃先对上海胡荣华弈成的中残局。现在由黑方走棋：

1. ……　　　　　卒3平4

2. 兵九进一　　　马7进6

3. 马六退四　　　卒5进1

4. 相三进五　　　炮3退1

5. 炮八进一　　　卒5进1

6. 兵五进一　　　卒4平5

7. 马四进二　　　马6进4

8. 相五进七　　　炮3平5

9. 帅五平六　　　……

如改走仕五进六，则马4进5，仕
四进五，马5退7，抽马黑胜。

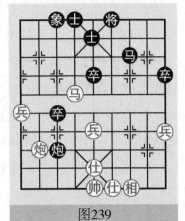

图239

9. ……　　　　　马4进3

10. 帅六进一　　　炮5平4

11. 炮八平七　　　象3进5

12. 马二进三　　　将6平5

13. 马三退一　　　卒5进1

14. 炮七平八　　　炮4退2

15. 炮八退一　　　象5退3

16. 马一进二　　　炮4退3

17. 马二退三　　　马3退4

18. 炮八平六　　　马4进6

19. 炮六平四　　　卒5进1

献卒入杀，妙手！以下红相七退五，则马6进4！帅六进一，士
5进4，黑胜。

第2局　巧弃中兵

图240是1985年全国个人赛河北李来群对浙江于幼华弈成的残
局。现在轮红方走棋。

1. 兵五进一　　　……

弃中兵救活边兵，着法精妙！取势的关键着法。

1. ……　　　　　卒5进1

如改走炮2平9，则兵五进一，马3进5，炮一退一，以后终能
过边兵，黑难以谋和。

2. 兵一平二　　　炮2平5

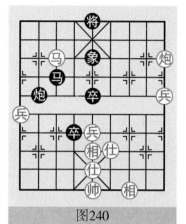

图240

3. 炮一退三　　　卒 5 平 6

4. 帅五平四　　　卒 6 进 1

5. 炮一平五　　　将 5 平 6

6. 马七退五　　　将 6 平 5

7. 兵二平三　　　将 5 平 4

红方进兵乘虚而入，紧着。黑如改走象 5 进 7，则马五进六，马 3 退 5，马六退四，抽炮红胜。

8. 兵三平四　　　炮 5 平 3

9. 炮五平七　　　炮 3 平 4

10. 炮七平一　　　炮 4 退 3　　　11. 马五进七　　　将 4 平 5

12. 炮一平五　　　将 5 平 6　　　13. 马七退五　　　炮 4 进 1

14. 马五退四　　　卒 4 平 5　　　15. 马四进二　　　炮 4 平 2

16. 马二进四　　　炮 2 退 1　　　17. 马四进三　　　将 6 进 1

18. 马三退一　　　将 6 退 1　　　19. 马一退三　　　象 5 退 7

20. 马三进二　　　将 6 进 1　　　21. 马二退一　　　将 6 平 5

22. 马一进三　　　将 5 平 4　　　23. 兵四进一　　　……

冲兵组成马炮兵联合攻势，胜势已定。

23. ……　　　　　将 4 退 1　　　24. 马三进五　　　炮 2 进 2

25. 马五退七　　　将 4 进 1　　　26. 兵四进一　　　马 3 进 4

27. 相五进七　　　炮 2 进 6　　　28. 相三进五　　　卒 6 平 7

29. 炮五进一　　　马 4 退 3　　　30. 炮五平八　　　马 3 进 5

31. 马七退五　　　将 4 平 5　　　32. 炮八进二　　　炮 2 退 6

33. 兵四进一　　　将 5 退 1　　　34. 炮八平五

凶着！打马吃卒红方胜定。

第3局　步步紧逼

图241是1983年全国个人赛上海胡荣华对辽宁卜凤波弈成的残局。现在轮红方走棋：

1. 炮三进四　　　……

红方多兵，进炮邀兑是争先之着。

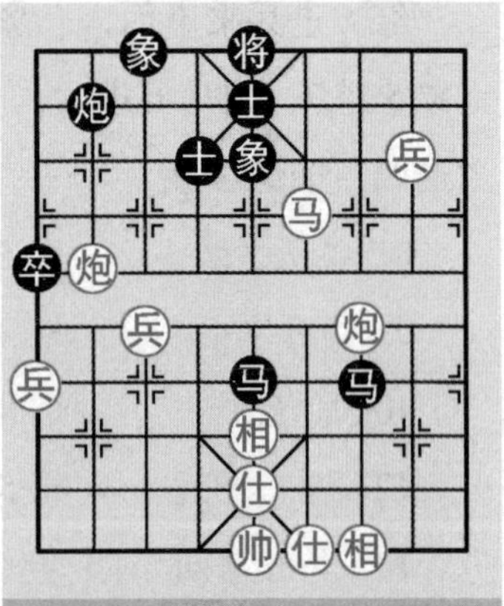

1. ……　　　　　炮2进2

2. 炮三退三　　　马7退6

3. 炮八平五　　　将5平4

图241

如改走炮2平5，则兵七进一，象5进3，炮三进一，炮5退1，马四进六，将5平6，马六退七，亦是红胜。

4. 仕五进四　　　炮2平5

5. 仕四进五　　　士5进6

6. 炮五退一	马6进7	7. 炮五平六	士4退5
8. 炮六退一	马7退9	9. 炮三平五	马9进8
10. 兵二平三	马5退6	11. 兵三进一	马8退6
12. 炮五退一	前马退7	13. 兵三平四	马6进7
14. 炮五进一	将4平5	15. 相五进三	前马退5
16. 相三进五	马5进3	17. 炮六进三	马7进5

18. 炮六平八

以上红方马、双炮、兵四子步步紧逼，现平炮伏沉底叫将，威胁黑方中象，发起总攻。

18. ……	将5平4	19. 炮八进三	象3进1
20. 炮八退三	卒1进1	21. 炮八平六	……

平肋炮含有兵四平五再马四进三的凶着，是获胜关键之着。

| 21. …… | 卒 1 进 1 | 22. 炮六退三 | 马 5 退 7 |

23. 兵四平五

小兵破中士，妙手入局！以下黑如接走：①士 6 退 5，则马四进三再炮五平六杀；②炮 5 退 2，则炮五进三伏马四进六杀，均红胜。

第 4 局　底卒立功

图 242 是 1993 年第十四届"五羊杯"赛湖北柳大华对江苏徐天红弈成的残局。现在由黑方走棋：

1. ……	卒 7 进 1
2. 炮九退二	炮 1 平 3
3. 炮九平七	……

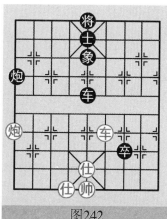

图242

如改走车四平七，则炮 3 平 5，炮九平三，车 5 平 7，车七平五，炮 5 平 3，仕五退四（如车五平七，则象 5 进 3！），车 7 进 4，车五进四，车 7 退 7，车五平七，炮 3 平 4，黑方多子胜定。

| 3. …… | 卒 7 进 1 |

冲底卒禁红帅，妙手！由此入局。

4. 炮七进一

如改走车四平三，则炮 3 平 5，车三进三，象 5 进 7，再炮 5 退 1，红方也难以应付。

4. ……	象 5 进 7
5. 车四平八	士 5 退 4
6. 车八平九	炮 3 退 1
7. 车九进三	炮 3 进 4
8. 车九平二	……

如改走车九退三，则将5平6，黑胜。

8. ……　　　　　　车5进3

9. 炮七退一　　　　炮3平9

10. 车二平一　　　　炮9平8

11. 车一平二　　　　炮8进3

黑胜。

第5局　巧渡中卒

图243是1982年第一届"避暑山庄杯"赛，湖北柳大华对河北李来群弈成的中残局。现在由黑方走棋：

1. ……　　　　　　卒5进1

弃卒伏车8平1杀兵捉马伏打将抽车，给红方有力一击，获胜的妙手。

2. 马八进七　　　　……

只好忍痛让黑方中卒长驱直入，否则失子亦败。

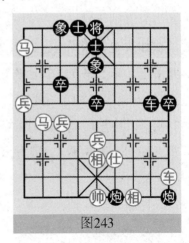

图243

2. ……　　　　　　卒5进1

中卒渡河，如虎添翼。

3. 相五进三　　　　炮9平8

4. 马九退八　　　　将5平6

5. 马八进七　　　　卒5平6　　　6. 仕四退五　　　　炮6退1

7. 相三进一　　　　炮6平8　　　8. 帅五平四　　　　前炮平7

9. 后马退六　　　　炮8进1　　　10. 帅四进一　　　　炮7平3

好棋！击马抽车，黑胜。

第6局 乘隙而入

图 244 是 1984 年第三届"亚洲杯"赛，泰国谢盖洲对中国胡荣华弈成的中残局。现在由黑方走棋：

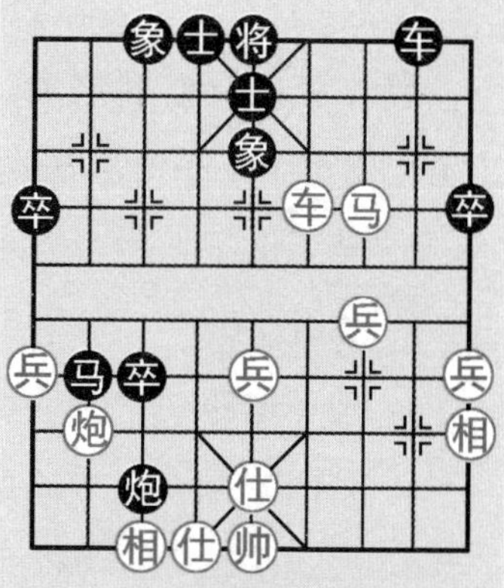

1. ……	卒 3 进 1
2. 炮八退一	车 8 进 9
3. 车四退六	车 8 退 3
4. 车四进二	……

图244

进车捉卒，似佳实劣，造成速败。应改走相一退三，尚可支撑。

4. ……	卒 3 平 4

平卒乘隙而入，妙手！红方已难应付。

5. 相一退三 ……

如改走仕五进六，则车 8 进 3，帅五进一，车 8 退 1，帅五退一，炮 3 退 1，黑方吃子胜定。

5. ……	炮 3 退 1	6. 车四进四	马 2 进 3
7. 帅五平四	炮 3 进 2	8. 帅四进一	卒 4 平 5

黑胜。

 三、弃马妙手

第1局 弃马杀相

图 245 是 1991 年第二届世界象棋锦标赛决赛阶段的第 9 轮，中

国澳门刘永德对中国赵国荣弈成的残局。现在由黑方走棋：

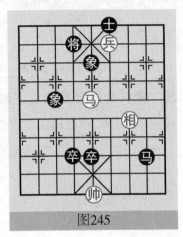

图245

1. ……　　　　马8退7

弃马杀相，绝妙之着，算度精确之至！比走卒5平6胜法高明。

2. 马五退三　　　卒4进1

3. 帅五平四　　　卒5进1

4. 马三退四　　　卒4进1

5. 兵四平三　　　将4平5

6. 兵三平二　　　将5平6

再卒4平5杀，黑胜。

第2局　献马解兑

图246是1960年温州、上海、广州友谊赛，上海胡荣华对广州蔡福如弈成的残局。现在由黑方走棋：

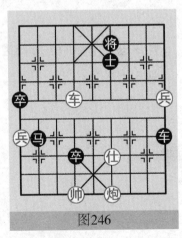

图246

1. ……　　　　卒4平5

平卒胁仕，将计就计。

2. 仕四退五　　　　车 9 平 6

3. 车六退二　　　　马 2 退 4

献马解捉，精妙之着！逼红方兑车，否则有卒 5 进 1 的凶着。

4. 帅六进一　　　　将 6 平 5

5. 车六平四　　　　卒 5 进 1

去仕再吃车，黑马卒形成必胜残局。红方认负。

第 3 局　弃马成杀

图 247 是 1983 年"亚洲象棋名手邀请赛"中国李来群对中国台北徐俊杰弈成的中残局。现在轮红方走棋：

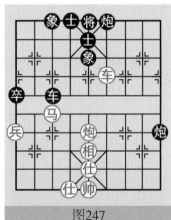

图247

1. 炮五平七　　　　车 3 平 4

2. 马七进八　　　　……

打车进马，抢先之着。

2. ……　　　　　　车 4 退 3

3. 车四平七　　　　象 3 进 1

4. 车七平五　　　　炮 6 进 2

5. 炮七平五　　　　炮 9 平 1

6. 炮五进四　　　　将 5 平 6

7. 车五平二　　　　车 4 进 7　　　8. 仕五进四　　　　炮 1 平 5

9. 仕六进五　　　　车 4 平 3　　　10. 帅五平六　　　　车 3 退 6

11. 炮五退三　　　　……

红车马炮已成夹攻之势，胜负可判。

11. ……　　　　　　车 3 进 4

12. 炮五平四　　　　炮 6 平 5　　　13. 车二平四　　　　将 6 平 5

14. 炮四平五　　　　车 3 平 4　　　15. 帅六平五　　　　后炮进 1

16. 车四进一　　　后炮退1　　　17. 马八进七　　　车4退5

18. 马七退九　　　车4平2　　　19. 帅五平四　　……

出帅连消带打，弃马落仕，形成"铁门栓"绝杀。

19. ……　　　　　车2进1　　　20. 仕五退六

伏仕四退五杀。红胜。

第4局　象口入杀

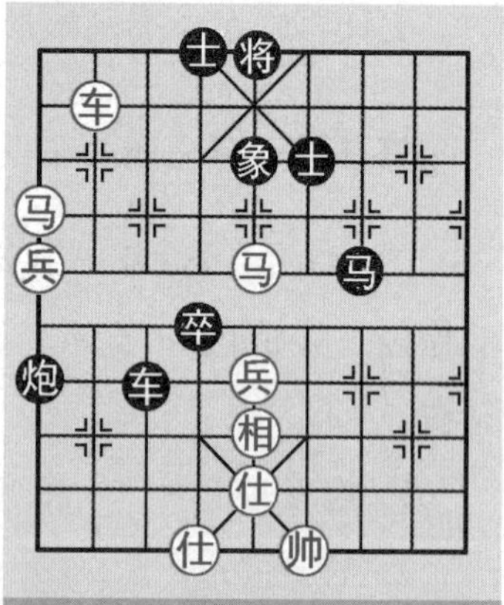

图248是1959年第一届全运会决赛黑龙江王嘉良对四川刘剑青弈成的中残局。现在轮红方走棋：

1. 马九退七　　　……

图248

献马黑车、象口，绝妙之着。

1. ……　　　　　车3平5

如改走象5进3（如车3退2，则马五进六抽车），则马五进六再车八平四杀，红胜。

2. 马七进六　　　将5平6

3. 车八平一　　　马7退8

4. 车一平二　　　车5平8

5. 马五进三　　　炮1平6

6. 车二进一

以下黑如象5退7，红则马三进二杀。红胜。

第5局　冲卒弃马

图249是1984年第三届"亚洲杯"赛中国香港赵汝权对中国李来群弈成的中残局。现在由黑方走棋：

1. ……　　　　　卒5进1

冲卒弃马，着法凶悍，是迅速入局的妙手。

2. 车四退二 　　　　卒 5 进 1

3. 车四进一 　　　　车 3 进 3

4. 帅六进一 　　　　卒 5 平 4

黑胜。

第 6 局　冲兵弃马

图 250 是 1984 年全国团体赛江苏童本平对贵州唐方云弈成的中残局。现在轮红方走棋：

1. 兵七进一 　　　　……

冲兵弃马，妙手！精彩一击，着法耐人寻味。

1. …… 　　　　车 4 进 1

如改走车 4 平 3，则车六平八，红方有攻势。

2. 兵七进一 　　　　马 7 进 6

3. 车六平八 　　　　……

如急于走兵七进一，则炮 4 进 2，兵七进一，炮 4 平 1，黑优。

3. …… 　　　　炮 4 平 1

4. 车八进一 　　　　车 4 退 5

如改走士 5 退 4，则车八退四抽吃马，亦红优。

5. 炮九平六 　　　　士 5 退 4

6. 车八退五 　　　　炮 1 进 4

7. 车八平四 　　　　马 6 退 7

8. 兵三进一 　　　　炮 1 平 9

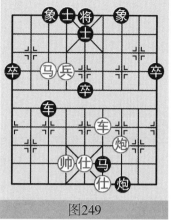

图249

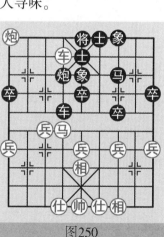

图250

9. 兵三进一　　　　象5进7

10. 车四退一　　　　炮9进2

11. 车四退二　　　　炮9退2

12. 车四进六　　　　炮9平7

13. 车四退四　　　　马7进8

如改走炮7平5换兵，则车四平五，黑方难以谋和。

14. 兵五进一　　　　象7退5

15. 兵七平六　　　　炮7退5

16. 兵六平五　　　　炮7平3

17. 后兵进一

至此，车双兵对马炮士象全，结果红胜。余着从略。

▶ 四、弃炮妙手

第1局　车兵破局

图251是1979年第四届全运会预赛河南高郑生对广西梁炳忠弈成的残局。现在轮红方走棋：

1. 炮二平六　　　……

弃炮破士，着法精妙！持车兵攻杀，算度深远。

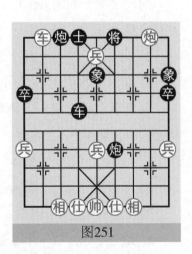

图251

1. ……　　　　　车4退4

2. 车八退二　　　……

捉象绝妙好棋，是获胜的关键。如改走车八退三，则炮6退4，车八平二，象5退7，车二进二，炮3进1，车二退一，车4进2，红方难以成杀，黑多子势强。

2. ……　　　　　象9退7

3. 车八退一　　　　炮6退4

4. 车八平三　　　　炮3进4

5. 后兵进一　　　　象7进9

如改走炮3退3，则车三进一，炮3进1，车三进一，炮3退1，兵五平四杀，红胜。可见红在前面退车捉象的妙用。

6. 车三进一　　　　炮3退2

7. 车三平一　　　　炮6平7

8. 车一进一　　　　炮3退1

9. 兵五平四

红胜。

第2局　弃炮反牵

图252是1984年"昆化杯"赛湖北柳大华对黑龙江王嘉良弈成的中残局。现在轮红方走棋：

1. 炮九平六　　　　……

弃炮叫将反牵制，唯一解着妙手！

1. ……　　　　　车4进1

如改走士5进4（如将4平5，则炮五进四！），则炮五平七，红吃子胜定。

2. 炮五退一　　　　车4平3

如改走车4退2，则车一平七，亦红方胜势。

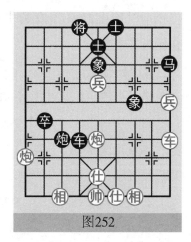

图252

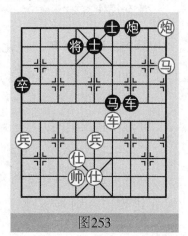

3. 车一平六　　　　将4平5

4. 帅五平六　　　　炮3退2

5. 车六进二　　　　……

拦炮老练！如急于走兵五进一，则车3平5！黑可解围，和棋。

5. ……　　　　　　炮3退2

6. 兵五进一　　　　车3平5

如改走炮3平4，则兵五平六，士5进4，车六进二，将5进1，车六进一，将5退1，车六退二，红亦胜势。

7. 兵五进一　　　　士6进5

不能走车5退6去兵，则车六进四杀。

8. 相七进五　　　　象7退5

9. 车六进一

形成车兵必胜马炮卒单士象残局，红胜。余着从略。

第3局　献炮入局

图253是1998年全国团体赛广东许银川对冶金尚威弈成的中残局。现在轮红方走棋：

1. 马一进三　　　　……

进马好棋，红多中兵不怕交换。

1. ……　　　　　　车7平9

如改走车7退3，则车四进一，红方稳操胜券。

2. 炮一平二　　　　车9平8

3. 炮二退三　　　　……

退炮马口，精妙之着。伏车四平六再马三退四杀。

图253

3. ……	士5进6
4. 炮二平七	士6进5
5. 马三退四	车8平7
6. 炮七退一	马6退4
7. 车四平六	炮7平4
8. 炮七退二	

伏炮七平六杀，红胜。

第4局　炮轰中仕

图254是1982年全国团体赛北京傅光明对湖北柳大华弈成的中残局。现在由黑方走棋：

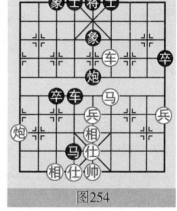

图254

1. ……	炮5平3

平炮叫闷，紧着！

2. 帅五平四	炮3进5
3. 帅四进一	士4进5
4. 仕五进六	……

如改走相五进七，则炮3退1！帅四退一（如相七退五，则马4退3，抽炮黑胜），车4平3，红方也难以应付。

4. ……	卒3进1	5. 炮九进七	象3进1
6. 仕六进五	炮3退1	7. 马四进三	将5平4
8. 车四平八	象5进7	9. 帅四退一	车4进2
10. 帅四平五	车4退5	11. 马三进四	炮3平5

弃炮轰中仕，入局妙手。

12. 车八进三	将4进1	13. 车八退一	将4退1

14. 车八进一　　　将4进1　　　15. 帅五进一　　　马4退5

16. 马四退五　　　象7退5

红方无法阻挡黑方车马杀着，推枰认负。

第5局　破士攻杀

图255是1987年全国个人赛贵州高明海对石油周俊来弈成的中残局。现在轮红方走棋：

1. 炮八平四　　　……

弃炮轰士抢攻，妙手！

1. ……　　　　　卒3进1

2. 炮四平一　　　将4平5

如改走卒3进1，则车四进九，将4进1，兵七进一，将4进1，炮一退二，象5进3，车四退二，象3退5，车四退六抽车，红胜。

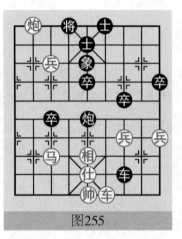

图255

3. 车四平二　　　将5平6

4. 马七进五　　　卒3平4

5. 车二平四　　　将6平5

6. 车四进四　　　……

捉炮伏出帅，抢先好棋！

6. ……　　　　　卒5进1

7. 帅五平四　　　士5进6

8. 车四进三　　　卒4平5

9. 车四进二　　　将5进1

10. 车四退一　　　将5退1

11. 兵七平六　　　车7退2

12. 炮一平四　　　……

平移炮避兑，步入胜局。

12. ……	车 7 平 8	13. 兵六进一	象 5 进 3
14. 车四退三	炮 5 进 2	15. 车四进三	卒 5 平 6
16. 炮四退六	炮 5 退 1	17. 炮四退一	炮 5 进 1
18. 炮四平一	车 8 进 3	19. 帅四进一	车 8 退 9

20. 炮一进四

伏炮一平五杀，红胜。

第 6 局　妙献双炮

图 256 是 1979 年第四届全运会预赛上海胡荣华对福建蔡忠诚弈成的中残局。现在轮红方走棋：

1. 炮七退四　　　……

退炮任黑车选吃，意图强行至将门做杀，着法精妙！

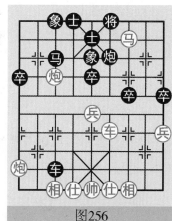

图256

1. ……	车 3 退 1
2. 炮九平四	将 6 进 1
3. 马三退二	士 5 进 4
4. 炮四进六	将 6 平 5
5. 炮四平二	将 5 平 4
6. 炮二进一	……

进炮禁士，击中要害！

6. ……	车 3 退 3
7. 车四进六	卒 7 进 1
8. 车四平五	

平中车，绝妙之着！胜法漂亮，下步车五退一献车，形成马后炮杀。红胜。

▶ 五、弃车妙手

第1局　献车妙杀

图257是1980年北京市"智慧杯"赛殷广顺对马云海弈成的中残局。现在轮红方走棋：

1. 车七进二　　　将4进1　　　2. 车七退一　　　将4退1

3. 马六进七　　　……

弃炮进马催杀，妙手！算准弃车妙胜。

3. ……　　　　车4进1　　　4. 帅五退一　　　车4进1

5. 帅五退一　　　车4退6　　　6. 车七进一　　　将4进1

7. 车七平六

如附图所示，红献车绝妙，堪称佳构！以下黑士5退4，则马七进八，形成"白脸将"杀。

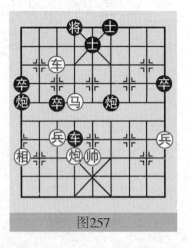

图257

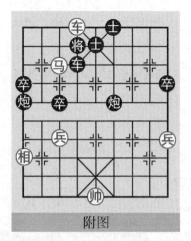

附图

棋牌娱乐指南　QIPAIYULEZHINAN

第2局　献车盖帽

图258是1982年全国个人赛北京喻之青对湖北李望祥弈成的中残局。现在由黑方走棋：

1. ……　　　　　　车7平5

献车盖中，绝妙之着！红如接走马三进五去车，则马7退6，车二平四，炮7进4，闷杀，黑胜。

2. 车二退一　　　　车5退1

退车弃马控中，算准胜局。

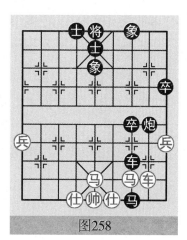

图258

3. 车二平三　　　　卒7进1

4. 马三进五　　　　炮8平2

5. 车三进三　　　　车5进1

6. 车三平八　　　　炮2平7

7. 车八平三　　　　炮7退1

8. 兵九进一　　　　车5退2

9. 兵九进一　　　　炮7平5

10. 兵九平八　　　　车5平7

11. 车三平五　　　　炮5进1

以下黑车7平6再将5平6，黑胜。

第3局　单马困杀

图259是1960年四川访问湖北两省热身战，湖北李义庭对四川陈德元弈成的中残局。现在轮红方走棋：

1. 马三进四　　　将4进1

2. 车七平六　　　炮3平4

3. 兵七进一 ……

送兵佳着！准备炮 5 平 6 做成杀势。

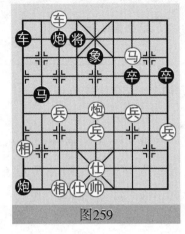

图259

3. …… 象5进3

4. 炮五平六 象3退5

5. 炮六退三 马2进3

6. 兵五进一 ……

冲兵弃炮，算程深远，妙！

6. …… 马3进4

7. 兵五进一 马4退5

8. 兵五进一 马5退6　　9. 马四退二 车1退1

10. 马二退三

回马踩卒弃车，绝妙！伏兵五进一，再马三退五！形成单马闷杀，妙不可言。这是难得的绝妙佳构。

黑方无解，红胜。

第4局　踩卒解围

图260是1983年全国个人赛河北黄勇对广东杨官璘弈成的中残局。现在轮红方走棋：

1. 马六进七 ……

弃车、马踩卒伏杀，妙手解围，步入胜势。

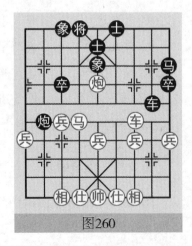

图260

1. …… 车8退1

退车捉炮无奈！如改走炮 2 平 7 打车，则马七进八，将 4 进 1

164

（如将4平5，则马八退六！），炮五平九，车8平1，马八退七，抽车，红方多兵胜定。

2. 马七退八　　　车8平5　　　3. 马八退七　　　……

红方净多四兵，胜负可判。

3. ……　　　　　卒9进1　　　4. 相三进五　　　将4平5

5. 车三平二　　　车5进1　　　6. 兵九进一　　　马9进8

7. 兵五进一　　　车5平4　　　8. 仕六进五　　　马8退6

9. 车二平四　　　马6进8　　　10. 车四退一　　　……

退车弃边兵，伏平中车冲兵，简明有力。

10. ……　　　　　马8进9　　　11. 车四平五　　　马9进7

12. 仕五进四　　　车4平6　　　13. 仕四进五　　　车6平8

14. 相五退三　　　卒9进1　　　15. 兵五进一　　　卒9平8

16. 马七进六　　　马7退9　　　17. 相七进五　　　马9进8

18. 马六进四　　　卒8进1　　　19. 兵三进一　　　卒8平7

20. 兵九进一　　　卒7进1　　　21. 车五平四　　　车8进3

22. 兵五进一　　　象5退7　　　23. 马四进六　　　士5进4

24. 马六退五　　　卒7进1　　　25. 马五进四　　　卒7平6

26. 兵五平六　　　士6进5　　　27. 兵六进一　　　士5进4

28. 马四进六　　　将5平4　　　29. 马六进四　　　将4平5

30. 车四平五　　　象3进5　　　31. 车五进四　　　将5平6

32. 车五平四（红胜）

第5局　双献车马

图261是1978年元旦上海市表演赛，胡荣华对孙恒新弈成的中残局。现在轮红方走棋：

1. 马五进七　　　将5平4　　　2. 相七进五　　　车5退2

165

如改走车5平4，则车九平八，车8进5，相五进三！卒7进1，车四退五！伏兵七进一，黑方难以应付。

　　3. 车四退五　　　　车5平4　　　　4. 车九平八　　　　车8进2

　　5. 兵七进一　　　　车4平3

红弃兵引车，好棋！黑车吃兵，失着。忽略红方妙手，如改走车4退2，尚可支撑。

　　6. 车四平七　　　　……

利用卧槽马的攻势，捉车伏杀夺马，着法强硬，胜局已定。

　　6. ……　　　　　　车3平4　　　　7. 车七进四　　　　车4退2

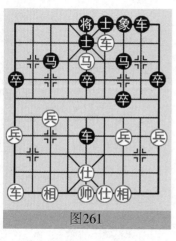

图261

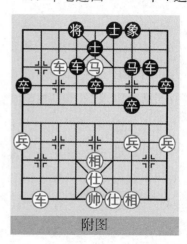

附图

　　8. 马七退五

如附图所示，退马象口，形成双献（弃）车马的绝杀，构思奇特，着法绝妙惊人。以下黑车4平5（如车4平3，则车八平六！杀），则车七进二，双车错杀，红胜。

　　第6局　　砍炮破城

图262是1978年辽宁省集训赛郭长顺对韩福德弈成的中残局。现在轮红方走棋：

象棋残局破解指南

1. 车七进三　　　……

弃车砍炮，着法精妙又凶悍，乃获胜关键之着。

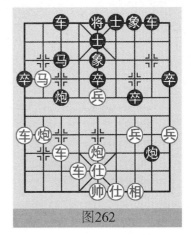

图262

1. ……　　　　象 5 进 3

2. 兵五进一　　　车 8 进 2

3. 兵五平四　　　马 3 进 5

4. 兵四平五　　　车 3 进 2

5. 帅五平六

红胜。

棋牌娱乐指南

QIPAIYULEZHINAN

▶ 一、无车残局

第1局　拴马制胜

图263是1982年全国团体赛河北李来群对河南赵传洲弈成的残局。现在轮红方走棋：

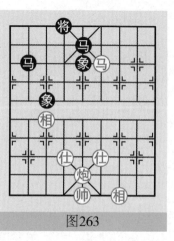

图263

1. 炮五平六　　……

照将正确！如误走炮五进七打马，则马2进4捉双成和。

1. ……　　　　　马2退4

2. 马四退五　　　马5进7

3. 马五进七　　　马7进6

如改走马7退6，则马七进八！红方吃子速胜。

4. 马七进六

红方吃子胜定。

第2局　活捉黑马

图264是1994年"百花杯"第四届棋王挑战赛，河北李来群对广东吕钦弈成的残局。现在轮红方走棋：

1. 马八进六　　　　炮5平4

2. 兵六平五　　　　士6进5

3. 炮二平五　　　　炮4平5

4. 兵五平六　　　　炮5平4

连续打兵，忽略红捉死马。但久战下去，黑方也难守和。

5. 马六进八

进马捉死马，红方速胜。

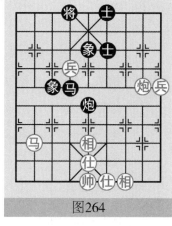

图264

第3局　联攻夺子

图265是1989年全国个人赛浙江于幼华对煤矿孙树成弈成的残局。现在轮红方走棋：

1. 兵五进一　　　　……

破象取势，好棋！

1. ……　　　　　　马3退5

如改走马6退5，则马四进三，将5平4，马三进五，亦红优。

2. 马四进五　　　　马5进4

如改走马6进5，则炮六进三！炮9平7，炮六平五，前马退4，马五进三，象1退3，前炮平一，亦红优。

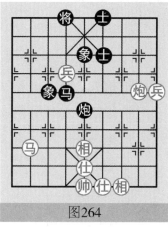

图265

3. 炮六平二	炮9平7	4. 仕六进五	象1退3
5. 炮二进六	炮7退7	6. 炮五平一	马6退7
7. 炮二平一	象3进5	8. 炮一平五	……

平中炮形成"天地炮"攻势，黑各子受困，已呈败象。

8. ……	将5平4	9. 帅五平六	将4进1
10. 炮五进五	士5进4		

红再掠一象，优势扩大。

11. 炮五平四	炮7平8	12. 炮四退五	马4进3
13. 炮四平六	将4平5	14. 帅六平五	炮8进2
15. 炮一平三	炮8平9	16. 马五退三	马7进8
17. 炮六进一	马3进2	18. 炮六平五	炮9平7
19. 马三进五	将5平4	20. 马五进四	将4平5
21. 马四退三	将5平6	22. 马三进五	将6进1
23. 炮五平八！	……		

红借炮使马、换位叫将，精彩异常！现分炮伏进四谋子，着法有力，迫使黑方穷于应付。

23. ……	炮7进4	24. 炮八平四！	炮7退5
25. 炮四退二	……		

打马谋子，胜局已定。

25. ……	马2退1	26. 马五退四	马8退6
27. 相七退五！	炮7平9	28. 炮三平一	炮9平6
29. 马四进三	马6进5	30. 炮四进七	马5退3
31. 炮四平二			

红方死子不急吃，着法老练。至此，红方多子胜定。

第4局　借炮使马

图266是1990年全国个人赛浙江于幼华对河北李来群弈成的残局。现在轮红方走棋：

1. ……	将5平4

出将助攻，精妙之着！伏炮4平7闪击。

2. 仕五退六 　　　　炮4平2

3. 仕四进五 　　　　马1退2

4. 炮四退一 　　　　炮2平1

5. 仕五进六 　　　　……

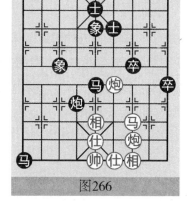

如改走仕五退四（如仕五进四，则炮1退3），则马5进6，炮三平四，卒7进1，仕六进五，卒7进1，黑方胜定。

5. …… 　　　　马5进4

6. 帅五平四 　　　　炮1进3

7. 仕六进五 　　　　马4进3　　　8. 仕五退六 　　　　马2进4

9. 帅四平五 　　　　马3退2　　　10. 仕六进五 　　　　马4进2

11. 仕五退六 　　　　前马退3　　　12. 仕六进五 　　　　马2进3

13. 仕五退六 　　　　前马退4　　　14. 帅五进一 　　　　马4进5

以上10个回合，黑方借炮使马连续抽将，胜似排局。现进马帅位抽炮，妙极！黑方吃子胜定。

第5局　破象攻杀

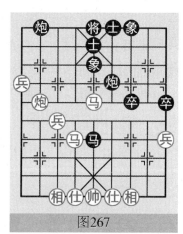

图267是1984年第三届"亚洲杯"赛新加坡沈云清对中国卜凤波弈成的残局。现在轮红方走棋：

1. 相七进五 　　　　炮6平9

2. 兵七进一 　　　　象5进3

红冲弃七兵好棋！加速攻击。黑飞象去兵，欠妥。应改走炮9进4

好些。

3. 马六进七　　　象7进5

4. 马七退五　　　马5进3　　　5. 前马进七　　　炮9平1

红进马弃兵踩象，果断有力。

6. 马七进五　　　马3退4　　　7. 马五进七　　　将5平4

8. 炮八平六　　　炮1平5　　　9. 仕六进五　　　炮5进1

10. 马七退六

退马叫将，伏谋子手段。以下黑将4平5，则炮六平三叫闷，红吃子胜定。至此，黑方认负。

第6局　封打黑马

图268是1986年全国团体赛河北刘殿中对广东蔡福如弈成的残局。现在轮红方走棋：

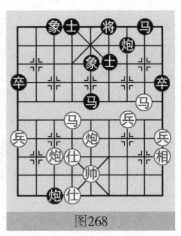

图268

1. 炮五平二　　　……

平炮攻马，抢先之着。

1. ……　　　　　炮7平5

企图先弃后取，如改走马8进6，则马二进四！伏兵三进一，亦红优。

2. 帅五平四　　　炮5平6

3. 帅四平五　　　炮6平5

4. 帅五平四　　　马8进6

5. 炮七进六　　　……

进炮打马，凶悍！妙手谋子。

5. ……　　　　　马5退3

如改走马5进3，则炮七退八，马3进4，帅五退一，马4进3，炮二平四！红可吃子胜定。

6. 马六退七　　　马3进5　　　7. 炮七退八

红方吃子胜定。

▶ 二、有车残局

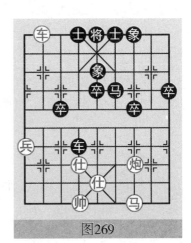

图269

第1局　巧捉死马

图 269 是 1983 年上海市第三届"迎春杯"团体赛，外贸汪士龙对静安钱宗麟弈成的残局。现在由黑方走棋：

1. ……　　　　　车 4 平 7

2. 马三进一　　　车 7 平 9！

黑妙手运车捉炮、马，谋子成功。

3. 车八退三　　　车 9 进 2　　　4. 车八平五　　　马 6 进 7！

弃卒跃马，胸有成竹。

5. 炮三进三　　　车 9 进 1　　　6. 帅六进一　　　车 9 退 5

7. 炮三进三　　　车 9 进 2

黑妙用"顿挫"捉炮，伏马 7 进 5 或车 9 平 1 杀，红方认负。

第2局　老卒建功

图 270 是 1995 年第七届亚洲城市名手赛，日本所司和晴对中国许银川弈成的残局。现在由黑方走棋：

1. ……　　　　　卒 7 进 1

伺机渡卒，车炮卒形成攻势。

2. 仕五进四	卒 7 进 1	3. 仕四进五	卒 7 进 1
4. 兵九进一	卒 7 进 1	5. 马八退九	车 2 平 1
6. 兵五进一	卒 7 进 1		

冲卒入底线，伏车 1 退 1 杀，精妙绝伦！

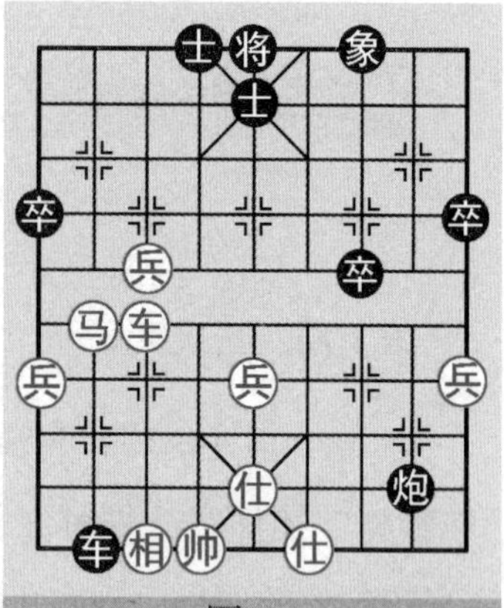

　　7. 兵五进一　　……

图270

如改走仕五退四（如帅六平五，则车 1 退 1，伏炮 8 进 1、车 1 平 6 杀），则卒 7 平 6，帅六进一，车 1 退 1，帅六进一，炮 8 退 1，仕四退五，炮 8 平 1，相七进九，车 1 退 1，帅六退一，车 1 进 1，帅六进一，车 1 退 2，黑方胜势。

7. ……	车 1 退 1
8. 马九退七	炮 8 进 1
9. 帅六进一	炮 8 平 3

黑炮叫将打相吃马，紧凑有力！

10. 车七平三	车 1 平 3	11. 帅六退一	车 3 退 4
12. 车三进五	士 5 退 6	13. 车三退四	车 3 进 1
14. 车三进一	车 3 平 4	15. 帅六平五	车 4 平 1
16. 车三平一	炮 3 退 3	17. 兵五平六	车 1 进 4

黑胜。

第 3 局　封锁红子

图 271 是 1981 年全国团体赛河南高郑生对四川刘健弈成的中残局。现在由黑方走棋：

174

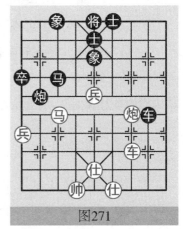

1. ……   士 5 进 4！

扬士老练之着，为退炮向左转移
开通道路。

2. 兵五平六   炮 2 退 3

3. 兵六进一   马 3 进 4

进马佳着！暗伏先手。

4. 马七进八   炮 2 平 7

打车暗藏谋子，紧要之着。

5. 马八进六   将 5 平 4

6. 马六进八   将 4 平 5

7. 马八退六   将 5 平 4

8. 车三平四   士 6 进 5

9. 炮三进二   马 4 进 2

图271

进马妙手！伏车 8 平 4 攻杀，封锁红马活动。

10. 车四平八   车 8 平 4   11. 帅六平五   车 4 平 2

平车护马，似笨实佳，封锁红马，谋子成功。红不能走马六退
八，否则车 2 退 2 白吃。黑方必吃红马，胜定。余着从略。

第4局　拴马夺子

图 272 是 1981 年新加坡对泰国友谊赛，泰国刘伯良对新加坡郑
祥福弈成的中残局。现在由黑方走棋：

1. ……   车 1 进 1

捉兵伏拴马，抢先佳着。

2. 兵三进一   车 1 平 4

3. 马九退七   卒 5 进 1

挺中卒，紧着！截断红马退路，不让红方有兑车的机会。

4. 兵三平四　　　　炮 9 退 1

退炮打马，必谋子定胜。

5. 马六退四　　　　车 4 进 3

6. 马七进六　　　　卒 5 平 6

黑方吃子胜定。余着从略。

第 5 局　车炮困子

图 273 是 1991 年全国个人赛上海万春林对广东许银川弈成的中残局。现在由黑方走棋：

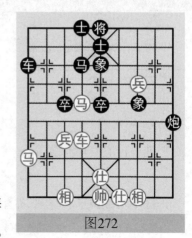

图272

1. ……　　　　　炮 6 退 7

退炮打马，准备车炮困马，实施谋子计划。

2. 马六退五　　　　车 3 进 2

3. 马五进三　　　　车 3 平 8

4. 兵五进一　　　　……

弃中兵无奈，否则黑车 8 进 4 捉死马。

4. ……　　　　　马 7 退 5

5. 车六进三　　　　车 8 平 7

6. 前马进二　　　　炮 6 进 1

7. 马三进四　　　　车 7 平 6

8. 马四进二　　　　车 6 平 8

9. 前马退三　　　　马 5 退 3

10. 车六平五　　　　马 3 进 4

退马捉双，谋子锁定胜局。

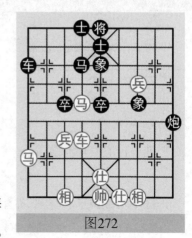

图273

11. 车五平六　　　　马 4 退 6

12. 车六退一　　　　马 6 退 8

13. 车六平二　　　　车 8 平 7

14. 车二进一　　　　车7退1

黑方吃子胜定。余着从略。

第6局　双车胁马

图274是1987年全国个人赛广州黄宝琮对江苏言穆江弈成的中残局。现在轮红方走棋：

1. 炮二平五　　　　……

架当头炮，威胁中路，着法有力。

1. ……　　　　　　象3进5

2. 炮五进三　　　　象5进3

扬象对攻，如改走士6进5，则炮五进三，士4进5，车八平二，车4平3，车七进一，车5平3，兵七平六，黑方较难谋和。

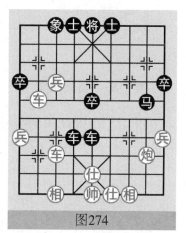

图274

3. 车八平七　　　　马8进6

4. 炮五平三　　　　车4平1

5. 炮三进四　　　　士6进5

6. 炮三平一　　　　士5进6　　　　7. 兵七平六　　　　马6进8

8. 后车平三　　　　车5平7　　　　9. 车七平五　　　　士4进5

10. 车三平二　　　　车1退2　　　　11. 车五退一　　　　车1平3

12. 车五平二　　　　……

分车捉马、弃相，着法紧凑，实施夺子计划。

12. ……　　　　　　车3进5　　　　13. 仕五退六　　　　车7平5

14. 仕四进五　　　　士5退4　　　　15. 相三进五　　　　……

以防黑车5进2杀仕。

15. ……　　　　　　车3退3　　　　16. 炮一平二

打马谋子，黑方认负。

第三节　谋和妙手类

▶ 一、运子、兑子谋和

第1局　马兵困车

图275是1989年全国团体赛湖北柳大华对浙江于幼华弈成的残局。现在轮红方走棋：

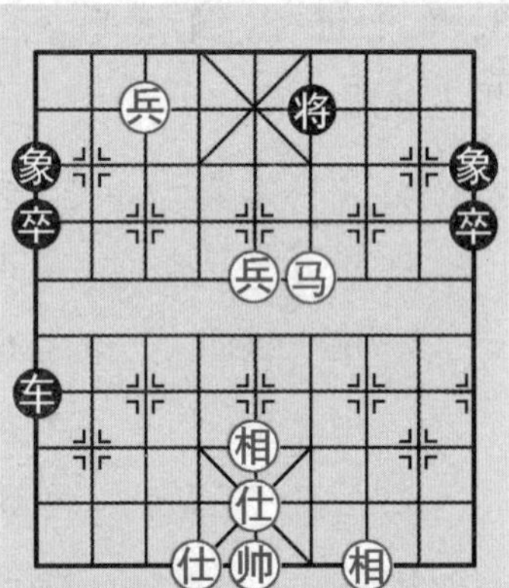

图275

1. 兵五进一	车1平6	
2. 马四退二	车6退4	
3. 兵七平六	象1进3	
4. 马二进三	车6平7	
5. 兵五平四	象9进7	
6. 仕五进六	卒1进1	
7. 仕六进五	卒1进1	
8. 帅五平六	卒1进1	
9. 相五退七	卒1平2	10. 相七进五　　卒9进1
11. 帅六平五	……	

红如误走马三退一去卒，则将6退1，马一进三，车7退1捉兵，黑胜。黑如改走将6退1，则兵六平五（或兵四进一）也可逼和。

至此，黑不动将而挺走边卒，则红方马双兵不动困车，仕相走闲，逼和。

第2局 退马占位

图276是1982年"上海杯"赛广东杨官璘对河北李来群弈成的残局。现在由黑方走棋：

1. ……　　　　　马6退8

退马占位，平淡中见功夫，谋和佳着。

2. 车五平二　　　车6进2

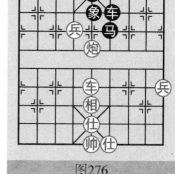

图276

跟炮正着，如改走马8进7，则车二进六，将6进1，炮五平七! 红有攻势。

3. 炮五退一　　　……

如改走炮五进三，则士4进5，车二进四，车6退1，黑可守和。

3. ……　　　　　马8进7　　　4. 车二进六　　　将6进1

5. 炮五平七　　　车6平4　　　6. 车二退三　　　……

保兵求稳，如改走炮七进四，士5进6，兵六平七，马7进6，仕五进四，马6进4，帅五进一，各有顾忌。

6. ……　　　　　将6退1　　　7. 车二进三　　　将6进1

8. 车二退三　　　将6退1　　　9. 炮七进四　　　……

进炮使黑将"归宫"，不如改走车二进三再炮七进四有力。

9. ……　　　　　将6平5　　　10. 兵六平七　　　车4进2

11. 兵一进一　　　马7进8　　　12. 车二平四　　　车4退1

13. 车四退三　　　马8退7　　　14. 车四平三　　　车4平9

黑车扫兵，和棋。

象棋 残局破解指南

第3局　逼兑红车

图277是1988年全国个人赛上海胡荣华对广东吕钦弈成的残局。现在轮红方走棋：

1. 车三退三　　　　马9退8

2. 车三进二　　　　车3平8

3. 炮五平六　　　　……

调炮准备谋马，亦可改走车三平六叫将吃士。

3. ……　　　　　　卒9进1

4. 炮六退三　　　　马8进9

5. 炮六退一　　　　车8进2

6. 车三进二　　　　车8进2

7. 仕五退四　　　　车8退3

捉车伏兑，伏马9退7抽车，谋和妙手。

8. 车三退三	车8平5	9. 仕六进五	马9退8
10. 车三进二	马8进9	11. 帅五平六	将4平5
12. 仕五进六	车5平6	13. 帅六平五	车6平9
14. 炮六平一	车9进1		

杀相逼兑红车，和棋。

第4局　运车扫兵

图278是1988年"皇冠杯"赛湖北柳大华对江苏徐天红弈成的残局。现在轮红方走棋：

1. 车二平五　　　　……

如改走车二退三，则车9平7，兵五进一，车7平5，帅五平六，车 5 退 2，和棋。

1. ……	车 9 退 1
2. 兵九进一	车 9 进 3
3. 帅五进一	车 9 退 1
4. 帅五退一	车 9 平 1
5. 兵七进一	车 1 退 3

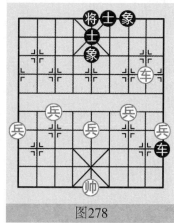

图278

杀兵正确。如改走象 5 进 3，则车五平九，车 1 退 2，兵五进一，黑谋和尚有麻烦。

6. 兵七平六	车 1 平 4

捉过河兵细腻。如改走车 1 平 7，则兵五进一，虽能守和，但不如实战简明。

7. 兵六平五	车 4 平 7

红如改走兵六进一，则车 4 平 7，兵五进一，车 7 退 1，兵五进一，车 7 平 8，车跟兵和定。

至此，红车双兵无法取胜，和棋。

第 5 局　控制车炮

图279 是 1993 年第 14 届"五羊杯"赛河北李来群对上海胡荣华弈成的中残局。现在由黑方走棋：

1. ……	象 7 进 5

飞象老练，颇见功力。如改走车 3 平 1，则马六进八再进六，红有攻势。

2. 炮九进三	车 3 退 4
3. 车三平九	车 5 进 1
4. 兵一进一	卒 6 平 5

5. 兵一进一	车 5 平 3
6. 兵一进一	卒 5 进 1
7. 兵一平二	前车退 4
8. 车九退二	后车平 2

平后车拴死红方车炮，谋和妙着！

如改走象 5 进 3，则炮九退四脱根，红

方有胜机。

9. 兵二平三	象 5 进 3
10. 炮九退四	车 2 进 4

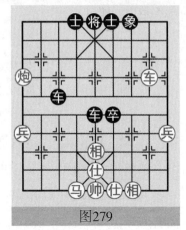

图279

11. 兵三平四	士 4 进 5	12. 马六进七	车 3 平 1
13. 炮九进一	车 2 退 1	14. 炮九退一	卒 5 平 4
15. 马七进八	车 2 进 1	16. 炮九进一	车 2 退 1
17. 炮九退一	卒 4 平 3	18. 相五退七	车 2 平 4

红方车炮被牢牢牵住无法脱身，和棋。

第 6 局　一车管三

图 280 是 1958 年全国个人赛浙江沈志弈对上海何顺安弈成的中

残局。现在轮红方走棋：

1. 兵九进一	车 4 平 1
2. 车八退三	车 1 平 5
3. 车八平七	……

红方挺兵、退车、平车，一车管住黑方车马炮，三步妙手，逼

成和棋。

3. ……	士 5 退 4
4. 兵五平四	士 6 进 5
5. 相三进一	将 5 平 6

6. 相一退三　　士 5 进 6

7. 相三进一　　士 4 进 5

8. 相一退三　　将 6 平 5

9. 相三进一　　将 5 平 4

10. 兵六进一　　士 5 退 6

11. 相一退三　　士 6 退 5

12. 相三进一　　将 4 平 5

13. 相一退三　　士 5 退 4

14. 相三进一　　士 6 进 5

15. 相一退三　　将 5 平 6

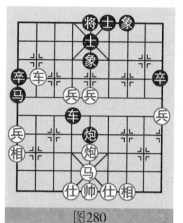

图280

16. 相三进一　　象 5 退 3	17. 相一退三　　象 7 进 5
18. 相三进一　　象 3 进 1	19. 相一进三　　象 1 进 3
20. 车七平六　　象 3 退 1	21. 车六平七

黑方无法进取，红方车、相走闲，和棋。